GÜTERSLOHER
VERLAGSHAUS

Gütersloher Verlagshaus. Dem Leben vertrauen

Hans Conrad Zander

Kurzgefasste Verteidigung der Heiligen Inquisition

Es spricht der Grossinquisitor

Gütersloher Verlagshaus

Bibliografische Information der Deutschen Nationalbibliothek
Die Deutsche Nationalbibliothek verzeichnet diese Publikation in der Deutschen Nationalbibliografie; detaillierte bibliografische Daten sind im Internet über http://dnb.d-nb.de abrufbar.

Verlagsgruppe Random House FSC-DEU-0100
Das für dieses Buch verwendete FSC-zertifizierte Papier *EOS* liefert Salzer, St. Pölten.

1. Auflage

Umschlaggestaltung: schwecke.mueller Werbeagentur GmbH, München
Umschlagmotiv: Borislav Sajtinac (ohne Titel) © VG Bild-Kunst, Bonn 2006
Satz: Katja Rediske, Landesbergen
Druck und Einband: GGP Media GmbH, Pößneck
Printed in Germany
ISBN 978-3-579-06952-4

www.gtvh.de

Inhalt

1. Rede des Grossinquisitors:
Die Heilige Inquisition war jung und fortschrittlich. 6

2. Rede des Grossinquisitors:
Die Heilige Inquisition war frauenfreundlich. 43

3. Rede des Grossinquisitors:
Die Heilige Inquisition war effizient. 73

4. Rede des Grossinquisitors:
Die Heilige Inquisition hatte recht. 117

5. Rede des Grossinquisitors:
Die Heilige Inquisition war heilig®. 154

® Registered orthography of the Holy Inquisition. Offenders will be prosecuted.

1. Rede des Grossinquisitors

Die Heilige Inquisition war jung und fortschrittlich.

Der Grossinquisitor tritt auf und spricht:

Lasst mich dort anfangen, wo Dostojewski endet. In jenem russischen Restaurant, in dem Iwan Karamasow seinen Bruder Aljoscha teilhaben lässt an einer Fischsuppe mit eingelegten Kirschen. Und an seiner blühenden religiösen Phantasie. Es ist die Phantasie von dem bösen greisen Grossinquisitor und dem jungen sanften Jesus, der im Kerker der Heiligen Inquisition zu Sevilla schmachtet.

Wortreich hat sich Dostojewskis Grossinquisitor vor seinem Gefangenen verteidigen müssen. Doch Jesus würdigt ihn keiner Antwort. Nicht eines einzigen Wortes. »Der Greis möchte, dass ER etwas zu ihm sage, sei es auch etwas Bitteres, Furchtbares. Da nähert ER sich plötzlich schweigend dem Greis und küsst ihn still auf die blutlosen *neunzigjährigen* Lippen.«

Soweit Dostojewskis russische Phantasie. Ebenso gut hätte ich Friedrich Schillers deutsche Verse zitieren können oder Giuseppe Verdis italienische Gesänge. Wo immer der Grossinquisitor in dichterischer Phantasie auftritt, ist er neunzig. Genau neunzig Jahre ist er alt und ein blutleer erstarrter, lebensfeindlicher Greis.

Das ist der Grund, warum mir soviel daran liegt, persönlich vor euch zu erscheinen. Nicht vor eurer Phantasie, sondern vor euren Augen. Schaut her! Mit eigenen Augen schaut her! Seht ihr, wie jung ich bin?

Ich bin die Jugend und der Fortschritt in Person. So jung bin ich, wie es die ganze Heilige Inquisition von Anfang an war.

Gewiss behaupten manche, die Heilige Inquisition sei so alt wie Moses. Ja, Moses persönlich habe sie gegründet. Befiehlt er doch wörtlich in seinem dritten Buch: »Wer den Namen des Herrn lästert, der soll des Todes sterben. Die ganze Gemeinde soll ihn steinigen« (Lev. 24,16).

Nach dem nicht ganz falschen Prinzip »Der liebe Gott sieht alles« haben fromme Seelen die Heilige Inquisition sogar noch weiter zurückgeführt, bis zurück zu Adam und Eva. »Wo bist du, Adam?«, fragt Gottes forschende, strafende Stimme gleich nach dem Sündenfall im Paradies (1. Mosis, 3,9). Und alsogleich verurteilt er ihn. In einem geheimen Prozess, ohne jede Einvernahme von Zeugen. Wie, wäre das nicht schon, mitten im Paradies, der erste Inquisitionsprozess?

Adam, der erste Mensch und somit der erste Ketzer, Gott selber aber, von Anbeginn der Schöpfung, der Grossinquisitor des Universums? Das ist gutgemeinter Unsinn. Nicht mit Adam, nicht mit Moses hat die Heilige Inquisition begonnen, sondern, historisch präzis, mit Papst Gregor IX. anno Domini 1231.

Beachtet das Jahr! Noch entfaltet sich, zu Beginn des 13. Jahrhunderts, das Mittelalter zur Blüte seiner höchsten Dome. Doch schon regen sich auf allen Gebieten des europäischen Lebens, in der Religion vor allem, die Vorzeichen einer neuen und anderen Zeit, der Renaissance. Nichts ist so schöpferisch, so voll von Neuem wie solche Bruchstellen zwischen zwei Epochen. Mit der Stiftung der Heiligen Inquisition durch Papst Gregor IX. endet im Grunde das Mittelalter. Mit der Heiligen Inquisition beginnt – ein epochaler Fortschritt – die Moderne!

Ja gewiss, mit dem nötigen Tiefsinn bedacht, hat es alles schon immer einmal gegeben, »irgendwie« seit Adam und seit Moses schon. »Irgendwie« wird es Ketzerverfolgung – modern gesagt: Verfassungsschutz – seit Anbeginn der Menschheit gegeben haben. Trotzdem war jene Päpstliche Inquisition, die Papst Gregor IX. 1231 ins Leben rief, ein historischer Qualitäts-Sprung: Diese Art der gerichtlichen Verfolgung von religiösen Extremisten war anders als alles zuvor. Sie war aufregend neu und besser.

Zu Unrecht stellen sich die meisten von euch das Leben im dunklen Mittelalter etwa so vor wie den Alltag in einem katholischen Dorf im Wallis oder in Bayern zur Zeit unserer Grossväter. Nichts, das falscher wäre. Im frühen 20. Jahrhundert war das katholische Leben geprägt durch strengen Kirchgang, durch lebenslangen Sakramentenempfang und durch unablässige Belehrung der Gläubigen.

Anders im Mittelalter. Im dunklen Mittelalter stand es etwa so wie jetzt wieder, zu Beginn des 21. Jahrhunderts, in katholischen Ländern. Der allgemeine Glaube war katholisch, doch er war so schwach wie die Bereitschaft zum Kirchgang und zum Empfang der Sakramente. Vor allem war die religiöse Bildung jener mittelalterlichen Analphabeten so abgründig schlecht wie das Da-Vinci-Code-Wissen postmoderner religiöser Analphabeten. Gewiss wurde schon damals viel über den Klerus gemault. Doch dabei blieb es. So dumpf wie heute brütete das analphabetische Volk vor sich hin.

Einziger Unterschied: Weil das Volk so dumpf vor sich hinbrütete, war die Kirche damals, anders als heute, mächtig. Das lag daran, dass die kirchlichen Institutionen, die Abteien zum Beispiel, aus dem Meer des allgemeinen Analphabetismus herausragten wie rettende Inseln der antiken Hochkultur. So zogen sie die besten Talente an. Und da die Bischöfe und Päpste die Könige und Kaiser krönten, waren sie mächtig.

Eine mächtige herrschende Klasse also und ein dumpf vor sich hinbrütendes Volk. Das ist – nicht nur in der Religion – eine gute Voraussetzung für Ruhe. Soweit es so etwas wie religiösen Frieden überhaupt gibt, herrschte intern in Europa einigermassen Friede, jahrhundertelang, etwa bis zum schicksalhaften Jahr Eintausend. Doch dann zog das Gewölk eines religiösen Sturms herauf.

Wie gewöhnlich kam er aus dem Osten. Dorthin segelten die christlichen Kaufleute jetzt viel häufiger als zuvor. Von dort kehrte, in arabischer Übersetzung, die Weisheit Griechenlands nach Europa zurück. Nicht in die trutzigen Abteien weit draussen auf dem Land, sondern mitten ins städtische Leben, in die vielen neuen Schulen und Universitäten. Und die Kreuzfahrer brachten in ihrem orientalischen Gepäck nicht nur die neuesten Reliquien nach Hause, sondern auch die neuesten östlichen Erleuchtungen.

So kamen auch die Katharer, vermutlich aus Bulgarien, in den Westen. Ihre Priester hiessen »Perfecti«, »Perfectae« ihre Priesterinnen. Angeführt von 72 Bischöfen zogen ums Jahr 1200 etwa 5000 solche »Vollkommene«, in tiefschwarze Togen gehüllt, durch die Lombardei und die Provincia, das heutige Südfrankreich, seltener auch den Rhein entlang. Und predigten, finsteren Gesichts, dass es von Anbeginn zwei Götter gebe: den guten Gott, der die geistige Welt erschaffen habe, und den bösen Gott, der die materielle Welt erschaffen habe. Die Bosheit der Materie aber verkörpere sich am schlimmsten in der Sexualität und in der katholischen Kirche. Wer da einmal drinstecke, in der Sexualität und in der katholischen Kirche, der sei verdammt zum endlosen Leidenszyklus der Reinkarnation.

Wie kommen wir da raus? Aus der Sexualität und aus der katholischen Kirche?

Natürlich durch ein reines Leben – »Katharer« heisst »die Reinen« –, insbesondere durch vegetarische Ernährung. Vor allem aber durch das »Consolamentum«. Dieses einzige Sakrament der Katharer, von den Perfecti den Gläubigen auf dem Totenbett durch Handauflegung gespendet, erlöste aus allem Leiden der Reinkarnation.

Klingt alles ein bisschen nach Zarathustra. Nach Indien ein bisschen und nach Tibet auch. Nichts Neues also unter der aufgehenden Sonne.

Aber neu im Abendland. Für die katholische Kirche zumindest war es ein aufregend neues Erlebnis, mit der Sexualität identifiziert zu werden. Ein neues Erlebnis war es auch für die Gläubigen, von anderen Priesterinnen und Priestern eine andere Religion gepredigt zu bekommen. Bisher allgemein verbreitet war nur der Zweifel an der katholischen Lehre. Aber Zweifel ist in der katholischen Kirche nicht strafbar. Gezweifelt haben sogar die Apostel (siehe Johannes 20, 25). Zweifeln ist urkatholisch. Hier aber kam, im eigentlichen Sinn, etwas anderes. Nicht der altgewohnte Zweifel, sondern, neu und streng, ein anderer Glaube.

Eine Alternative.

Alsbald begann es von Alternativen zu wimmeln. Längst nicht mehr nur von Katharern. Etwa dreitausend fromme Kommunen, so schätzt man, versuchten sich zu Beginn des 13. Jahrhunderts in Norditalien und Südfrankreich im reinen Leben. Manche von ihnen nannten sich Waldenser, nach Pierre Valdes, einem Kaufmann aus Lyon.

Der Beruf fällt auf. Auch Franz von Assisi war ja Kaufmannssohn. Offensichtlich schlägt der berufsbedingte Zwang, hinter dem Geld anderer herzulaufen, nicht selten um in Hass aufs Geld. Jedenfalls verteufelten die Waldenser nicht die Sexualität, sondern das Geld. Im Unterschied zu den Katharern, die ihre eigenen Bischöfe hatten, waren diese alternativen Kommunen aber antiautoritär und demokratisch. Sie beriefen sich auch gar nicht auf eine östliche Heilslehre, sondern priesen, ähnlich wie bald danach Franz von Assisi, die Armut als etwas urchristlich Schönes. Ein Irrtum, der, glaubt's mir, der Heiligen Inquisition noch viel Arbeit machen wird.

Aber vorläufig gibt es sie noch gar nicht, die Heilige Inquisition. Im wirtschaftlichen und kulturellen Kernland Europas, von Mailand bis Toulouse, gibt es erst eine aufregende religiöse Multi-Kulti-Szene mit den Katharern als hartem ketzerischem Kern. Auf allen Strassen und Plätzen wandeln, schwarzverhüllt, die »Perfectae« und »Perfecti« und verfluchen die Kirche Roms als »Hure Babylons« und »Synagoge Satans«.

Was tun?

Diese Frage, so möchte man glauben, habe sich allen voran die katholische Kirche gestellt. Irrtum. Es war damals mit der

Ketzerei so wie heute mit dem radikalen Islam. Obwohl sein aggressives Eindringen nach Europa eigentlich die Kirchen am meisten stören müsste, ist es keineswegs der christliche Klerus, der Alarm schlägt. Das tut vielmehr die weltliche Öffentlichkeit. Das Volk ärgert sich. Die Politiker reden. Die Polizei regt sich sogar. Die Kirche aber hält sich in christlicher Sanftmut zurück.

So war es damals auch. Ähnlich wie heute bildeten sich im christlichen Volk ziemlich rasch zwei Standpunkte heraus, wie mit den neuen Multi-Kulti umzugehen sei. Rezept Numero Eins: Gar nichts tun! Rezept Numero Zwei: Alle verbrennen!

Es überrascht kaum, dass Rezept Numero Eins vor allem im weltgewandten städtischen Bürgertum befolgt wurde, auch im Adel. Mancherorts mit Erfolg. Gefragt, warum er nicht gegen die Ketzer vorgehe, gab ein katholischer Adeliger aus der Grafschaft Toulouse seinem Bischof Fulko wörtlich dies zu Protokoll: »So etwas können wir nicht tun. Wir sind mit diesen Leuten zusammen aufgewachsen, mit einigen von ihnen sind wir eng verwandt, und wir sehen doch, dass sie ein ehrbares Leben führen.«

Multi-Kulti, wie es sich der Gutmensch von Herzen wünscht. Leider überwog, damals wie heute, ganz schnell der Ärger.

Seit Jahrhunderten war ja für den mittelalterlichen Menschen der katholische Glaube genau das, was für uns heute die freiheitlich-demokratische Grundordnung ist. Niemand brauchte ein eifriger Katholik zu sein, ein minimalkatholisches Einvernehmen aber hatte jahrhundertelang Europa so zusammengehalten wie heute der minimaldemokratische Konformismus. Wo dieses Einvernehmen endete, genau da allerdings war jene Grenze der Toleranz erreicht, die jede Gesellschaft braucht. Sogar eine westliche Gesellschaft. Die westliche Gesellschaft des Mittelalters genau so wie die unsrige heute auch.

»Hure Babylons« und »Synagoge Satans«? Es war nicht eigentlich die Beleidigung der Kirche durch die »Vollkommenen«, welche dem christlichen Volk auf die Nerven ging. Über den Klerus lästerten sie alle so gern wie ihr heute. Als unerträglich aber empfanden es Unzählige, dass da etwas radikal Anderes feindselig in die europäische Gesellschaft eindrang und das jahrhundertealte minimalkatholische Einvernehmen aggressiv störte. Waren das nicht alles verkappte Terroristen?

Am 16. Februar 1208 wird der höchste Repräsentant der katholischen Kirche in der Provincia – heute Südfrankreich –, der Päpstliche Legat Peter von Castelnau, von Katharern meuchlings ermordet.

Schluss jetzt mit Multi-Kulti. Die Stunde hatte geschlagen für Rezept Numero 2: Bringt sie alle um!

Auf diese Stunde gewartet hatte der König von Frankreich. Was wir heute Südfrankreich nennen, gehörte ihm ja gar nicht. Umso lieber marschierte er dort ein, natürlich nur um des frommen Anliegens willen, nach dem frevlerischen Attentat von Two/Sixteen die katholisch-christliche Grundordnung wiederherzustellen.

So begann – benannt nach der südfranzösischen Stadt Albi – der »Albigenserkrieg«, eines der grausamsten Blutbäder der europäischen Religionsgeschichte. Mit dem Schlachtruf »Tötet alle, Gott wird die Seinen schon erkennen« metzelte das französische Kreuzritterheer alles nieder, was ihm in den Weg kam, Ketzer und Katholiken allesamt.

Zwanzig Jahre lang, von 1209 bis 1229, dauerte der französische Kreuzzug gegen die »Albigenser«. Zeit genug für die Deutschen, sich ein paar Gedanken zu machen. »So etwas wollen wir bei uns lieber nicht«, war der nächstliegende Gedanke. Sogar im fernen Palermo kam einer zu diesem Schluss: Friedrich II von Hohenstaufen, Kaiser des römisch-deutschen Reiches und König von Sizilien.

Ausgerechnet Friedrich II! Er, der sich an seinem sizilianischen »Musenhof« von christlichen, jüdischen und muslimischen Gelehrten multikulturell umschwärmen liess. Er, der »stupor mundi«, das »Weltwunderwesen« der Offenheit und Toleranz.

Ja, gewiss Multi-Kulti. An seinem sizilianischen Hof Multi-Kulti vom Feinsten. Für die kulturelle Hofierung Seiner Majestät. Aber Multikulti für seine Völker? Multikulti für seine Italiener und gar für seine Deutschen? Um Gotteswillen nein. In welchen Blutbädern das endete, das hatte man ja inzwischen in Toulouse erlebt.

Ausgerechnet Friedrich II, das sagenumwobene Mirakel frühaufgeklärter Toleranz, erliess im Jahr 1224 Ketzergesetze von solcher Strenge, dass sogar die katholische Kirche entsetzt war: im Regelfalle Verbrennung bei lebendigem Leib, bei stark mildernden Umständen Begnadigung zu blossem Herausschneiden der ketzerischen Zunge.

Zweierlei wollte der Hohenstaufe mit seinen scharfen Ketzergesetzen erreichen. Natürlich wollte er verhindern, dass es in Italien, wenn nicht gar in Deutschland, zu multikulturellen Blutbädern wie in Südfrankreich kam. Vor allen Dingen aber wollte er dem Papst eins auswischen. Dem Papst, mit dem er in bitterer Fehde lag. Schaut her, ihr Christen alle! Der wahre Defensor fidei ist nicht der Papst, sondern bin ich, der Kaiser.

Hohe Zeit für die katholische Kirche, ihre eigene Sache, die Ketzerverfolgung, in die eigene Hand zu nehmen.

Wie unschlüssig der katholische Klerus lange Zeit geblieben war, zeigt am besten jener hilflose Brief, den der heilige Bernhard von Clairvaux im Jahr 1143 aus Deutschland zugeschickt bekam. Das Schreiben beginnt mit den Worten: »Nuper apud nos juxta Coloniam quidam haeretici detecti sunt – Neulich wurden bei uns in der Nähe von Köln einige Ketzer entdeckt.«

Eine Sensation. Jedenfalls ist dieser Brief des Zisterzienserabtes Everwin von Steinfeld das allererste schriftliche Zeugnis vom Auftauchen der Katharer im katholischen Europa überhaupt. Dennoch hört sich erst einmal alles harmlos an. Das winzige Häuflein Kölner Katharer sei, kaum entdeckt, »bussfertig zur Kirche zurückgekehrt«.

Leider nicht alle. »Zwei nämlich, einer, den sie ihren Bischof nannten, und sein Gefährte haben sich uns widersetzt.« Dies geschah in einer spektakulären öffentlichen Versammlung, in der nebst Adel und Geistlichkeit auch der Erzbischof von Köln höchstselbst sich den Ketzern stellte.

Es muss eine veritable Disputation gewesen sein, in der die beiden Perfecti dem Kölner Klerus »die Worte Jesu und des Apostels« nur so um die Ohren schlugen. Drei Tage lang also Argumente hin und her zwischen dem katharischen und dem katholischen Klerus. Zweifellos hätte sie noch viel länger dauern können, die Ketzer-Disputation von Köln. Doch nach drei Tagen theologischem Disput verlor jemand die Geduld: das christliche Volk.

»Rapti sunt a populis nimio zelo permotis, nobis tamen invitis, et in ignem positi atque cremati« – »Da wurden die beiden von übereifrigem Volk gepackt, gegen unseren Willen weggeschleppt, ins Feuer gesetzt und verbrannt.«

Das allererste bezeugte Auftreten von Katharern also und auch schon der allererste Lynchmord. Und jetzt die Frage des deutschen Abtes an den französischen Heiligen: Was tun, wenn so etwas nächstens wieder passiert?

Die Antwort aus Clairvaux ist nicht erhalten. Vielleicht weil Bernhard von Clairvaux ebenso unschlüssig war wie Everwin von Steinfeld. Dieser tadelt ja ausdrücklich den gesetzlosen Übergriff des mordwütigen Kölner Pöbels. Ja er zollt den beiden verbrannten Katharern hohes Lob, wenn er sie den christlichen Märtyrern der Antike gleichsetzt. Bewunderswert – »mirabile« – gewesen sei »die Standhaftigkeit, ja die Freude«, mit der die beiden Perfecti in den Feuertod gingen.

Einerseits dies, doch anderseits jenes. Allzu scharf nämlich tadelt der Abt aus der Eifel den Kölner Pöbel doch nicht: »nimio zelo permotus« nennt er ihn nur, »von allzu grossem Eifer erfasst«. So als ob ein bisschen Eifer wohl doch ganz gut gewesen wäre. Aber eben, wie das Volk so ist, ihm fehlen die klerikale Freude am Disputieren und die klerikale Langmut.

Was also tun, wenn so etwas wieder passiert? Während der deutsche Klerus nach Frankreich schrieb, um Rat einzuholen, suchte der französische Klerus selber Rat bei den Kirchenvätern. Das war im Mittelalter üblich. Wusste man nicht, was tun, so schlug man bei den Kirchenvätern nach, bei den massgebenden Theologen und Bischöfen der katholischen Spätantike. Was sagt der heilige Augustinus?

»Compelle intrare«, sagt Augustinus, »zwinge sie herein in die katholische Kirche.«

Dies allerdings hatte Augustinus erst gesagt nach wüstem Ärger mit einer besonders verstockten Sorte Ketzer, den Donatisten. Vorher hatte er das Gegenteil gesagt. Auf jeden Fall lehnte Augustinus die Todesstrafe gegen Ketzer ab. Zu gross war die allgemeine Empörung gewesen, als im Jahr 385 ein kirchliches Gericht in Trier den spanischen Ketzer-Bischof Priscillianus köpfte. Der heilige Martin von Tours – die Mutter Teresa des 4. Jahrhunderts – empfand das Bluturteil von Trier als so unkatholisch, dass er die Abendmahlsgemeinschaft mit den Bischöfen, die daran mitgewirkt hatten, aufkündigte. Noch ums Jahr 1048 gab Wazo von Lüttich, einer der mächtigsten Bischöfe des Reiches, dem Bischof von Châlons-sur-Marne brieflich den Rat, er solle jener Bande von Ketzern, die sein Bistum heimsuchte, mit christlicher Geduld begegnen: »Obwohl die christliche Frömmigkeit solche Irrlehren verabscheut, ist es uns doch aufgetragen, in der Nachfolge unseres Heilands solches zu ertragen, für eine gewisse Zeit jedenfalls und in gewissem Masse.«

Doch dann lief die Zeit davon und das Mass auch. Jene Skrupel nämlich, in welchen Bischöfe und Äbte sich mittels Kirchenväter-Zitaten gegenseitig bestärkten, hatten weltliche Herren so wenig wie der weltliche Pöbel.

Den Anfang gemacht hatte Robert der Fromme, König von Frankreich, im Jahr 1022. Es ging um das Domkapitel von Orléans. Die Domherren waren zur Erkenntnis gelangt, dass der Heilige Geist sie unmittelbar, unabhängig von ihrem Bischof, erleuchte: »infusione divina – durch göttliche Eingiessung«. Der Bischof mochte das, begreiflicherweise, nicht hinnehmen und stellte seine Domherren vor Gericht. Noch bevor das bischöfliche Tribunal zu irgendeinem – höchstwahrscheinlich milden – Beschluss gekommen war, griff der König von Frankreich willkürlich in den kirchlichen Prozess ein. Einer der ketzerischen Domherren war nämlich Beichtvater der Königin gewesen und hatte, scheint es, dem törichten Weib eingeredet, auch sie sei, unabhängig von ihrem königlichen Eheherrn, direkt inspiriert vom Heiligen Geist. Jedenfalls geriet König Robert der Fromme so ausser sich, dass er, ohne sich um den kirchlichen Prozess zu scheren, das Dutzend Domherren von Orléans kurzerhand auf einen einzigen Scheiterhaufen binden und alle zusammen verbrennen liess.

Königliche Lynchjustiz. Und ein bedenklicher Präzedenzfall. Fortan nahm die Grösse der staatlichen Scheiterhaufen für die religiösen Verfassungsfeinde stetig zu. Bis es schliesslich, zu Beginn des Albigenserkriegs, auf dem Scheiterhaufen von Minerve 180 Ketzer waren, in Lavaur gar 400. Zu viele Ketzer, wie sich bei der Gelegenheit herausstellte, für einen einzigen Scheiterhaufen.

Gern weisen antiklerikale Historiker darauf hin, dass um all diese Scheiterhaufen irgendwelcher Klerus mit dem Weihwasserkübel hilfswillig herumlief. Das hat aber nicht viel zu bedeuten. Es gab im Mittelalter gar nichts, wo nicht irgendwelcher Klerus mit dem Weihwasserkübel hilfswillig drumrum gelaufen wäre. Von Bedeutung ist, dass selbst die gewaltigen Scheiterhaufen von Minerve und Lavaur von weltlichen Herren angeordnet wurden, in eigener Regie und, bei allem frommen Eifer, doch in erster Linie zur Sicherung ihrer politischen und militärischen Herrschaft.

Was tat derweil die katholische Kirche? Sie tat, was sie immer tut, wenn sie nichts tut: Sie beklagte sich. In der Lombardei beklagte sie sich, weil die meisten städtischen Obrigkeiten beim weltlichen Rezept Numero Eins verharrten: »Gar nichts tun!« Ebenso beklagte sie sich, wenn in Südfrankreich das weltliche Rezept Numero Zwei wütete: »Bringt sie alle um!« Dutzendfach findet sich in weltlichen Chroniken des 12. Jahrhunderts die weltliche Gegenklage, man könne es der Kirche einfach nicht recht machen, und sie solle doch gefälligst, wenn ihr nichts passe, diese ihre eigene Sache in die eigene Hand nehmen.

Das hätten die Päpste längst gern getan. Sie wussten nur nicht wie.

So mächtig die römische Kurie politisch war – viel mächtiger als heute –, so fehlten ihr doch, um der Ketzerei eigenständig zu begegnen, in erbärmlicher Weise die nötigen Machtmittel.

Polizei im modernen Sinn gab es sowieso nicht, schon gar keine kirchliche. Wohl gab es kirchliche Gerichte. Doch dies waren bischöfliche Gerichte, zuständig immer nur für das kleine Gebiet des jeweiligen Bistums. Da mochte sich ein Bischof nach langem Zögern entschliessen, einen Ketzer vor Gericht zu stellen. Doch der brauchte nur ein paar Meilen fröhlich zu wandern, schon war er in einem andern Bistum mit einem andern Bischof, der selbstverständlich eifersüchtig über seine alleinige Zuständigkeit im eigenen Bistum wachte. Jahrzehntelang wanderten so die Perfecti der Katharer zwischen der Lombardei und der Provence hin und her. Von einem rechtlich selbständigen Bistum ins andere. Und wenn wirklich einmal ein Bischof einen andern um Amtshilfe bat? Wenn wirklich einmal mittelalterliche Akten, auf Pferdesrücken, von einem Bischofsstuhl zum andern wanderten? Dann waren Jahre vergangen. Jahre, in denen auch der Ketzer längst weitergewandert war. Mindestens bis in die Lombardei. Häufig auch nach Bosnien. Am besten gleich nach Bulgarien.

Unter solchen Umständen waren auch Bischöfe versucht, nach dem Vorbild weltlicher Herren kurzen Prozess zu machen. Zum Beispiel jener besonders eifrige Bischof Fulko von Toulouse, der eines Tages, beim pastoralen Gang durch seine Stadt, hörte, dass in einer Kammer im Hause nebenan ein altes Weib im Sterben liege. Gleich eilte der Bischof an ihr Bett, um sie väterlich mit den katholischen Sakramenten zu versehen. Da liefen der Sterbenden die Tränen der Freude über die Wangen. Welch göttliche Fügung, rief sie aus, dass der Bischof der Katharer in ihrer Sterbestunde zu ihr komme, um ihr das Consolamentum zu spenden.

Ob der blamablen Verwechslung geriet Bischof Fulko in Zorn. Auf der Stelle gab er den Befehl, die alte Ketzerin auf ihrem eigenen Bett hinauszutragen vor die Tore von Toulouse. Dort wurde sie vom christlichen Volk »in allgemeiner Heiterkeit« – »cum hilaritate« – verbrannt.

So nicht! Aber wie denn anders?

Als sich der Bischof von Toulouse noch im christlichen Lynchmord übte, waren sich an der römischen Kurie längst alle im Klaren, was im Namen der katholischen Kirche mit den neuen religiösen Extremisten zu geschehen habe: weder »gar nichts tun« noch »bringt sie alle um«, sondern ein gerechtes, geregeltes und, vor allen Dingen, massvolles Verfahren vor kircheneigenem Gericht.

Doch dafür fehlten alle rechtlichen Voraussetzungen. Nirgendwo nämlich gilt so wie bei uns in der katholischen Kirche das Goethesche Gesetz: »Es erben sich Gesetz und Rechte wie eine ewige Krankheit fort.« Im ganzen Abendland waren die bischöflichen Gerichte steckengeblieben im juristischen Unsinn Karls des Grossen.

Das Wichtigste an Karls urgermanischer Justiz: Ein Prozess fand nur statt, wenn einer etwas gegen einen andern hatte. Sei es Ehebruch, sei es Mord, sei es Ketzerei, es musste einer Recht begehren gegen einen andern. Der Bischof sass dann hoch zu Gericht und entschied, wer von beiden Recht habe. Fürchterliche Konsequenz: Die volle Strafe, die den Angeklagten bei Schuldspruch hätte treffen müssen, traf bei Freispruch den Kläger selbst.

Als urgermanische Abschreckung gegen Prozesshanselei mochte das seinen karolingischen Sinn haben. Aber in einer Zeit weitverbreiteter Ketzerei war die Vernunft Unsinn geworden. Welcher noch so fromme Katholik mochte seinen noch so teufelsgläubigen Nachbarn wegen Ketzerei verklagen, wenn ihm dabei – worst case scenario – das höllische Schicksal drohte, selber bei lebendigem Leib verbrannt zu werden?

Verlass auf bischöfliche Gerechtigkeit, auf bischöfliche Wahrheitsliebe gar? Eben jener rabiate Bischof Fulko von Toulouse hatte im nahen Carcassonne einen Kollegen, der, mitten im Albigenserkrieg, niemals einem Ketzerweibchen ein Härchen gekrümmt hat. Woher die auffällige Toleranz? Seine eigene Mutter war Katharerin. Und nicht eine gewöhnliche Katharerin, sondern eine Perfecta. Eine Priesterin und Predigerin. Vielleicht hatte der Bischof das Predigen von seiner Mamma gelernt.

Und wenn es nicht die eigene Mamma war, die ihn am Durchgreifen hinderte, dann war's der zäh verfilzte katholisch-katharische Klüngel örtlicher Honoratioren. Mit Verlaub gefragt: Wie wurde man eigentlich im Mittelalter Bischof, sagen wir mal in Carcassonne? Wenn überhaupt auf etwas Verlass war, dann höchstens auf dies: dass von einem bischöflichen Gericht, sagen wir mal in Carcassonne, im Zweifelsfall der Falsche verbrannt wurde.

Auf den deutschen Mattscheiben und somit in den deutschen Schädeln hat sich der Irrtum festgesetzt, der Vatikan sei die Bleikugel, welche die Christenheit daran hindert, allelujafröhlich auszuschreiten in den Fortschritt des reinen Evangeliums. Das stimmt nicht einmal heute. Zurückprojiziert aufs hohe Mittelalter ist es finsterer Unsinn. In der ganzen Christenheit gab es keinen fortschrittlicheren Ort als die römische Kurie unter Innozenz III. (1198–1216). Warum war dieser grösste aller Päpste so fortschrittlich?

Anders gefragt: Warum ist in unseren Tagen das 2. Vatikanische Konzil so erbärmlich gescheitert? Weil es glaubte, sich hineinmogeln zu können in die Moderne mit einer halben Tradition und einer halben Reform. Papst Innozenz III., ein Katholik des Mittelalters, dachte und handelte ungleich schöpferischer. Strategisch kühn verband er eine ganze Reform mit der ganzen Tradition. Kühn förderte er Franz von Assisi; ebenso kühn schuf er zur selben Zeit den Inquisitionsprozess.

»Akkusations-Prozess« hiess das alte karolingische Recht, in dem es im Prinzip darum ging, dass einer es dem andern zeigt. »Inquisitions-Prozess« hiess das neue Recht, das jetzt die römischen Juristen im Auftrag Papst Innozenz III. schufen. Dieses Wort »inquisitio« für sich allein war revolutionäres Programm. Meist wird es mit »Nachforschung« übersetzt. Doch es gibt einen modernen deutschen Rechtsbegriff, der ihm besser entspricht: Inquisition heisst »Wahrheitsfindung«. Die heilige Wahrheitsfindung moderner deutscher Gerichte.

Die Heilige Inquisition.

Nicht, was wer gegen wen hat und wie sich wer gegen wen durchsetzt, sollte in Zukunft den Prozessverlauf bestimmen, sondern was Sache ist. Der amtlich ermittelte Sachverhalt. Ohne Ansehen der Person. Und ein Richter, der unabhängig von allen Personen und allen andern Ämtern ermittelt: der Inquisitor.

Als Grossinquisitor neige ich zu grosser Zurückhaltung im Urteil. Deshalb möchte ich nicht so weit gehen wie der Historiker Ludwig Förg, der im Inquisitor des 13. Jahrhunderts den Archetyp des modernen deutschen Staatsanwalts erkennt. Nein. Zwischen mir, dem Grossinquisitor, und der Generalbundesanwältin in Karlsruhe, sind, darauf lege ich Wert, ein paar kleine Unterschiede. Doch so viel ist schon wahr: Mit dieser kühnsten aller Reformen, angeordnet von Papst Innozenz III. und vom 4. Laterankonzil verabschiedet, tritt an die Stelle des überholten germanischen Streitrechts etwas staunenswert Neues und Besseres. Im Kampf gegen die Ketzerei beginnt der moderne Rechtsstaat.

Es beginnt die Heilige Inquisition.

Noch fehlt uns das Wichtigste. Neuen Wein, sagt der Evangelist Markus, darf man nicht in alte Schläuche füllen (Markus 2,22). Was nützt ein noch so neues Recht mit den alten Gerichten und den alten Richtern? Diese ganz neue Aufgabe einer ganz neuen Gerichtsbarkeit brauchte ein ganz neues Personal. Im eigentlichen Herd der Ketzerei, im heutigen Südfrankreich, übergibt Papst Gregor IX. 1232 die Inquisition dem Orden des heiligen Dominikus.

Das ist ein Zeitgenosse des heiligen Franz von Assisi. Der grössere Zeitgenosse. Doch hört man von ihm weniger. Woran das nur liegen mag?

Gute Seelen glauben, in der Religion gehe es in erster Linie darum, gut zu sein. Darum lieben sie den heiligen Franz. Der war gut. So gut, dass er sogar, vor lauter Güte, den Vögeln predigte.

Und der heilige Dominikus? »Ai nemici duro« war er, sagt Dante in der Göttlichen Komödie, »zu den Feinden hart«. Wie hart? Im Kloster der Unbeschuhten Karmeliten in Florenz wird, von Lorbeerblättern umrankt, eine kostbare Reliquie verehrt. Sie trägt die Aufschrift: »gladius, quo usus fuit Sanctus Dominicus« – »Das ist das Schwert, das der heilige Dominikus *gebraucht* hat.« Nein, nicht die fromme Güte verkörpert sich in Dominikus, sondern etwas Besseres: die religiöse Intelligenz.

Die katholische Kirche ist nämlich ein Teil der Menschheit. Mehr als an Bosheit aber leidet die Menschheit an Dummheit. Die katholische Kirche auch. Gute Menschen gibt es unter den Gläubigen besonders viele. Was uns fehlt in der katholischen Kirche, ist das, was der heilige Dominikus im 13. Jahrhundert verkörpert hat: die religiöse Intelligenz. Am Anfang aller Intelligenz aber steht die Einsicht: So, wie wir es bisher gemacht haben, geht es nicht.

Aus Spanien gekommen war der Chorherr Domingo de Guzmán. In der südfranzösischen Kriegs- und Anarcho-Szene war er hängengeblieben. Was er alles nicht tat oder doch tat mit jenem gladius im Albigenserkrieg, darüber wollen wir uns morgen streiten. Unumstritten aber ist die Erkenntnis, die dem Spanier mitten in den blutigen Massakern in Südfrankreich kam. Es ist jene Einsicht der religiösen Intelligenz, die den andern auf den Schlachtfeldern um Toulouse fehlte: So geht es nicht.

Heilige gelten in der Regel nicht als intelligent, sondern als verrückt. Alle glauben, der heilige Dominikus sei verrückt geworden, als er im Jahr 1215 mitten in Toulouse einen neuen Orden gründet, seine ersten dreissig Brüder aber auf der Stelle auseinanderjagt in alle Welt. Die einen jagt er nach Bologna, die andern nach Paris. Es ist, als ob er sie nach Berkeley jagen würde und nach Cambridge (Massachusets).

An der Pariser Universität tauchen die ersten Dominikaner ein in den europäischen Mittelpunkt einer von neuen Ideen brodelnden intellektuellen Szene. Wie in Paris mit der Philosophie und der Theologie, so in Bologna mit dem Recht. Das neueste und beste Wissen der Zeit will der heilige Dominikus für seine neuen Mönche.

Und mit dem neuen Wissen eine neue Lebensweise. Nicht mehr in einsamen Abteien weit draussen auf dem Lande, wie Mönche bislang, sollen die Dominikaner leben, sondern in kleinen Gemeinschaften mitten in den Städten. Mitten in Europas neuer kommerzieller und kultureller Szene. Keine mächtigen Äbte sollen sie mehr über sich haben, sondern alle Ämter in freier Abstimmung wechselnd unter sich besetzen. Die aufblühenden italienischen Handelsstaaten haben sich ja alle demokratische Verfassungen gegeben. Wird die Welt demokratisch, so muss es die Kirche auch werden.

Das ist die Alternative des heiligen Dominikus. Zwischen allen Leichenfeldern der Albigenserkriege ist es das Projekt religiöser Intelligenz. In staunenswerter Weise entspricht es dem Grand Design Papst Innozenz III.: die ganze Tradition der Kirche, aber auch eine ganze Reform.

Um nämlich einem Irrtum vorzubeugen: So etwas wie ein irgendwie-progressiv-irgendwie-liberal-irgendwie-postkonziliarer Wellness-Katholik vor der Zeit ist der heilige Dominikus niemals gewesen. Nicht vor, nicht nach seiner Ordensgründung. Mit der wagemutigen Hinwendung zum Neuen verbindet dieser spanische Priester die radikale Treue zur Kirche. Zu ihrem Glauben und zu ihrem Amt.

Wo sie hinkommen, nach Paris und nach Neapel, nach Krakau, nach Madrid, werden die neuen »Predigerbrüder« mit Begeisterung empfangen. Buchstäblich zu Tausenden treten an den Universitäten die Studenten, oftmals sogar die Professoren, in den neuen Orden ein. In den grossen Handelsstädten strömt das fortschrittliche, gebildete Bürgertum zu ihren Predigten.

Bisher waren die meisten Christen des Mittelalters geboren worden, lebten und starben, ohne jemals eine Predigt gehört zu haben. Es sei denn die Predigt eines Katharers. Katholisch zu predigen war ja den Bischöfen vorbehalten. Wenn sie dazu überhaupt fähig waren, dann hatten sie zum Predigen keine Zeit. Mit ihren Immobilien, ihren unzähligen frommen Stiftungen waren sie die grossen Manager des Mittelalters. Das katholische Volk verharrte derweil in dumpfer Unbildung. In Dummheit. Legenden, Wundermärchen, Heiligenbilder waren die einzigen Quellen seines religiösen Wissens.

In den alten dumpfen Jahrhunderten des unangefochtenen minimalkatholischen Konformismus mochte das genügt haben. Es genügte nicht mehr in der neuen Zeit einer urban aufblühenden Wirtschaft und Kultur. Schon gar nicht in einer neuen Zeit religiöser Alternativen. Kaum war der Dominikanerorden gegründet, so wurde es offenbar: Nicht nach Ketzerei begehrte Europa, sondern nach einem Christentum mit Verstand.

Im Jahr 1242 tritt in Neapel ein fabelhaft begabter junger Mann in den jungen Orden ein. Gleich geht es mit ihm nach

Köln, wo er bei Albert dem Grossen studieren wird, dem bedeutendsten deutschen Dominikaner. Unter ihm erlebt in Paris das katholische Denken eine Blüte wie niemals zuvor und niemals danach wieder: Thomas von Aquin.

Kein Orden der patriarchalischen Feierlichkeit wie die Benediktiner. Kein Orden der ekstatischen Armut wie die Franziskaner. Ein Orden vielmehr der religiösen Intelligenz. Ein Orden der aufgeweckten, kritischen, fortschrittlichen akademischen Jugend.

Die 68er des 13. Jahrhunderts!

Genau die Richtigen, fand Papst Gregor IX., genau das richtige Personal für die Heilige Inquisition.

Der Heilige Vater war dumm genug gewesen, als ersten Päpstlichen Inquisitor für Deutschland einen Weltpriester zu ernennen, ein wahres Monster der Unfähigkeit. Einen zweiten Fehlgriff dieses Kalibers konnte er sich nicht erlauben. Höchste Zeit für eine Inquisition mit Verstand. Höchste Zeit, die Heilige Inquisition den Dominikanern anzuvertrauen.

Die ausgezeichnete religiöse Bildung der Dominikaner sprach für ihre Fähigkeit, zwischen Katholiken und Ketzern überhaupt zu unterscheiden – eine wichtige Fähigkeit, die bei der Ketzerverfolgung bislang blutig fehlte. Da der Orden nur dem Papst unterstellt war, nicht der lokalen Autorität der Bischöfe, war er genauso europaweit mobil wie die Ketzer selber. Vor allem waren die Dominikaner integer. Da sie nach den Geboten der evangelischen Armut lebten, auch nirgendwo in einer lokalen bischöflichen Mafia drinsteckten, waren sie für Korruption nicht anfällig. Und während bei den Franziskanern schon zu Lebzeiten des heiligen Franz das Chaos ausbrach, waren die Dominikaner, bei aller Mobilität, zuverlässig organisiert.

Nichts aber befähigte die Dominikaner so zur Inquisition wie ihre Mentalität. Während die Franziskaner am Grab ihres Gründers in Assisi einen phantastischen Wunderkult inszenierten (»die gleichen Wunder wie Jesus, aber in grösserer Zahl«), jagten die Dominikaner jahrelang alle Gläubigen weg, die am Grab des heiligen Dominikus in Bologna auch nur beten wollten. Wunderbetrieb? Für so etwas waren sie zu sachlich, zu intellektuell. Ein Geist akademischer Nüchternheit wehte im Orden des heiligen Dominikus. Das ist das Gegenteil von Fanatismus. Hatten nicht die Päpste die Inquisition eigens gegründet, um der Lynchjustiz ebenso ein Ende zu bereiten wie dem blinden Laissez-faire?

Nicht dass Papst Gregor IX. jetzt die Heilige Inquisition dem Dominikanerorden ausschliesslich und allein übertrug. Auch keiner seiner Nachfolger hat das je getan. Mancherorts ernannten sie als Inquisitoren auch Franziskaner oder Weltpriester, später dann Jesuiten. Doch haben die Historiker recht, wenn sie die hochmittelalterliche Blüte der Inquisition als die »Dominikanische Inquisition« bezeichnen. So sehr hat dieser Orden die Heilige Inquisition in ihrer besten Zeit geprägt.

Auf diese Weise wurde die Dominikanische Inquisition von Toulouse zum Modell für alle andern Inquisitionen, für die französische, die kastilische und die verschiedenen italienischen Inquisitionen – ausgenommen allein die deutsche Inquisition.

Der Grossinquisitor schweigt. Er scheint mit sich selbst zu ringen. Plötzlich bricht es aus ihm heraus:

O du unseliger Konrad von Marburg! Du Scham und Schande der Heiligen Inquisition!

Mühsam beherrscht spricht der Grossinquisitor weiter:

Zwei Inquisitoren leiteten von Anfang an das brandneue Amt in Toulouse. Der Dominikanerorden übertrug damit seine eigene demokratische Verfassung auf die Heilige Inquisition: Keine Selbstherrlichkeit an der Spitze, sondern an der Seite jedes Inquisitors ein gleichberechtigter »socius«, manchmal auch »coinquisitor«, am häufigsten aber »collega« genannt. Kollegialität also bei allen Entscheidungen. Neue Kollegialität statt alter bischöflicher Autokratie. Fortschritt und Demokratie. Teamwork in der Heiligen Inquisition.

Warum lief trotzdem, gleich von Anfang an, alles schief in der Modell-Inquisition von Toulouse?

Muss ich es euch immer wieder sagen? Die katholische Kirche ist ein Teil der Menschheit. Wie für alle menschlichen Institutionen gilt auch für die Heilige Inquisition das uralte Gesetz des Kirchenvaters Murphius:

»Fallit quodcumque fallibile.«
»Alles, was schiefgehen kann, geht schief.«

Über das Pech, das die frühe Inquisition von Toulouse verfolgte, wissen wir bis in winzige Einzelheiten Bescheid. So sehr hat es die Aufmerksamkeit der örtlichen Chronisten erregt.

Als Erster aus dem frischfrommfortschrittlichen Team von Toulouse machte sich der Inquisitor Arnaud Cathala auf den Weg nach Albi. Dort schien ihm die neue Methode der Wahrheitsfindung und Rechtssprechung besonders nötig, galt doch das bischöfliche Gericht von Albi als besonders korrupt.

Vor versammeltem Klerus und Volk hielt der Dominikaner in der Kathedrale von Albi eine Predigt, in der er die Unregelmässigkeiten beim vergangenen Prozess gegen den Katharer Boissière scharf rügte. Nach endlosem Hin und Her war dieser Erzketzer wohl vom Bischof verbrannt worden, doch hatte man seine Witwe unbehelligt gelassen, mit der verlogenen Begründung, sie sei eine fromme Katholikin. Dabei gab es Beweise genug, dass das Weib eine viel schlimmere Ketzerin war als ihr verbrannter Mann.

Warum ein so offenkundiger Schwindel des bischöflichen Gerichts? Das zu erraten fällt nicht schwer. Korruption hat oftmals einen Sinn. Sie nimmt Rücksicht auf örtliche Verhältnisse. Wir erinnern uns an den Bischof von Carcassonne, dessen eigene Mutter Ketzerin war, weshalb er keiner Ketzerin ein Haar krümmte. Vielleicht war in Albi Madame Boissière des Bischofs

Tante. Niemand verbrennt gern seine Tante, auch ein Bischof nicht. Vor allen Dingen war Madame Boissière reich. Sie hatte Erben in Albi. Das Erbe einer Ketzerin aber wäre beschlagnahmt worden. Und so hatte es das bischöfliche Gericht gefügt, dass die Witwe Boissière, von ihren Erben liebevoll umhegt, in christlichem Frieden sterben durfte.

Alles wohlbegreiflich im Sinne des Klüngels von Albi, zu dem der Bischof selber gehörte. Aber unbegreiflich im Sinne der neuen päpstlichen Rechtssprechung, die nur noch Wahrheitsfindung kennen wollte, keine örtlichen Bindungen und kein Ansehen der Person. Nur noch Gerechtigkeit, für alle gleich. Wir würden heute sagen: Den Rechtsstaat, den reinen Rechtsstaat wollte der junge Inquisitor Arnaud Cathala in Albi durchsetzen. Hoch von der Kanzel schleuderte er sein Verdammungsurteil gegen die verstorbene Ketzerwitwe Boissière. Und auf dass Gerechtigkeit ihren Einzug halte in Albi, verurteilte er sie zum Scheiterhaufen posthum.

Dass das gerecht gemeinte Unterfangen schiefgehen musste, hätte der Inquisitor spätestens merken sollen, als er den Knechten des Bischofs den Befehl erteilte, die Leiche von Madame Boissière auszugraben. Jeder hatte eine faule Ausrede. Wer gräbt schon gerne eine halbverweste Witwe aus?

Dann werde er das eben selber tun, rief der junge, überaus tatendurstige Inquisitor aus. Gefolgt von einer grossen Menge Schaulustiger, eilte er zum Friedhof Saint-Etienne. »Et arrepto ligone primos ictus dedit« –

»Und er tat den ersten Spatenstich.«

Der erste Spatenstich der Heiligen Inquisition. Und für eine Weile der letzte. Auf der Stelle nämlich riss ihm eine »Bande von Söhnen Belials« – in Wirklichkeit die Notablen von Albi – seinen Spaten aus der Hand. Aufs Unflätigste beschimpften sie den Dominikaner, verprügelten ihn, ja rissen ihm die Mönchskutte vom Leib. Schon zückte einer sein langes Messer, um dem Inquisitor die Kehle durchzuschneiden, die meisten aber schrien, so einen ersäufe man am besten.

Da packten sie den nackten Mönch an beiden Beinen und schleppten ihn, kopfunter über das Kopfsteinpflaster von Albi, hinab zum Fluss Tarn. Im allerletzten Moment erst gelang es einer Gruppe frommer, beherzter Katholiken, das Martyrium des ersten Inquisitors zu vereiteln.

Blutüberströmt, am ganzen Leib zerschunden und zerquetscht, die Blösse notdürftig bedeckt, rettete sich der Dominikaner in die Kathedrale, wo er in ohnmächtiger Wut erneut auf die Kanzel stieg und die gesamte Stadt Albi samt ihrem Bischof feierlich exkommunizierte. Da der Bischof gerade zugegen war, liess er den herbeigelaufenen Excommunicator von der Kanzel herunterholen, stieg selber hinauf und hob die Exkommunikation, noch feierlicher, wieder auf.

Das waren die »Wirren von Albi«. Sie hätten dem jungen, akademisch hochgebildeten Inquisitor eine banale Lektion erteilen können: Mit nichts macht man sich in der Bevölkerung so unbeliebt wie mit unbestechlicher Gerechtigkeit. Wie mit der Heiligen Inquisition.

Leider war sein Collega, Guillaume Arnaud, in Toulouse selber inzwischen noch viel forscher vorgegangen. Ohne Ansehen der Person hatte er gegen die zwölf schlimmsten Ketzer von Toulouse das Inquisitionsverfahren eröffnet. Ohne Ansehen der Person heisst: Von den zwölf gehörten mindestens acht zu den angesehensten, reichsten und einflussreichsten Bürgern der Stadt.

Jetzt machten sich die Konsuln – die Stadtregierung – von Toulouse, Katholiken und Ketzer in corpore vereint, ins Dominikanerkloster auf, liessen den allzu unabhängigen Inquisitor packen, schleppten ihn vor die Tore und verabschiedeten ihn dort mit der Auflage, sich nie mehr in Toulouse blicken zu lassen. Der Verbannte floh nach Carcassonne.

In solche Wut geraten waren die Konsuln von Toulouse, dass sie gleich noch einen doppelten Beschluss verkünden liessen: Des Todes sei, wer in dieser Stadt künftig am Inquisitionsverfahren auch nur irgendwie mitwirke. »Bei Strafe an Leib und Besitz«

sei es ferner verboten, den Sitz der Heiligen Inquisition mit Lebensmitteln zu beliefern. Zu diesem Zweck wurde das Dominikanerkloster mit bewaffneten Wachen umstellt.

Beherzten, braven Katholiken, so berichtet der Chronist Guillaume Pelhisson, sei es dennoch gelungen, nächtens heimlich Brot und andere Lebensmittel den leidgeprüften Inquisitoren im hohen Bogen über die Klostermauer zuzuwerfen. Ohnehin lebten die jungen Mönche in evangelischer Bedürfnislosigkeit. Doch beklagten sie sich, sie hätten nur noch so wenig Wasser, dass sie ihr »potagium« nicht mehr kochen könnten. »Potagium« – eine dicke Gemüsesuppe vom Typ Minestrone – war, nebenbei gesagt, die bescheidene Lieblingsspeise der mittelalterlichen Inquisition.

Nach drei Wochen Belagerung ging beiden Seiten die Geduld aus. Der Prior des Dominikanerklosters liess feierlich die Glocken läuten, versammelte seine Mönche und erklärte ihnen, Bruder Guillaume Arnaud sei es gelungen, in Carcassonne sein Inquisitionstribunal neu einzurichten. Jetzt habe er die Anweisung übermittelt, die zwölf Erzketzer von Toulouse nach Carcassonne zu laden. Diese Aufgabe sollten, inquisitionsjuristisch korrekt, zwei Brüder übernehmen, begleitet von, inquisitionsjuristisch ebenso korrekt, zwei andern Brüdern als Zeugen. »Nunc, fratres, gaudete!«, rief der Prior aus, »jetzt, Brüder, freuet euch!« Dies nämlich sei das sichere Martyrium, wer dazu bereit sei, möge vor ihm die venia machen.

Die venia ist jene feierliche, elegante Geste, sich der Länge nach zu Boden zu werfen, die in der Rheinischen Mystik zu den schönsten Ekstasen führen wird. Doch dies war nicht die Stunde der Mystik, sondern der Bereitschaft zum Martyrium. Auf der Stelle lagen alle Dominikaner von Toulouse vor ihrem Prior der Länge nach auf dem Boden. Gross ist, auch bei uns Christen, die jugendliche Bereitschaft zum Martyrium.

Die vier auserwählten Möchtegern-Märtyrer gelangten bis ins Haus des Erzketzers Maurand l'Ancien. Allerdings hatte der Alte mehrere Söhne. »An den Haaren«, so heisst es (obwohl Mönche doch damals kaum Haare hatten), zerrten sie die vier Inquisitionsgesellen aus dem väterlichen Haus und hätten sie wohl auf offener Strasse zu Tode geprügelt, wären nicht, auch diesmal, beherzte, brave Katholiken den mörderisch bedrängten Inquisitoren zu Hilfe geeilt.

Inzwischen hatten die Konsuln nächtelang getagt und schliesslich den Beschluss gefasst, die Mönche des Inquisitionsklosters nicht, wie ursprünglich beabsichtigt, allesamt hinzurichten, sondern sie, hinter ihrem Oberinquisitor her, aus der Stadt für alle Zeit hinauszujagen.

Tags darauf erschienen die Konsuln von Toulouse vor dem Dominikanerkloster, hinter ihnen her eine unabsehbare Menge aufgeregter Bürger. Die Messe war gerade beendet und die Mönche sassen im Refektorium bei einem – vermutlich über die Massen dünnen – »potagium«, als ihnen der amtliche Befehl überbracht wurde, sich stante pede fertigzumachen für den Abmarsch aus Toulouse. »Wir sind beim Essen und möchten in Ruhe zu Ende essen«, entgegnete der Prior jugendlich cool.

Da packten sie ihn und alle andern »per caput et pedes«. »An Kopf und Füssen« schleifte man die jugendlichen »Väter von der Heiligen Inquisition« allesamt aus der Stadt, während sie, so gut es eben ging, zuerst das Credo sangen und dann das Te Deum. Als sie beim Salve Regina angekommen waren, setzte man sie vor den Toren von Toulouse in einer Scheune nieder und wünschte ihnen gute Reise. Bruder Guillaume Arnaud aber schleuderte aus dem sicheren Carcassonne gegen die Konsuln von Toulouse die Exkommunikation.

Nach langen Wirren dann 1241 ein historischer Kompromiss: Die Konsuln von Toulouse gestatten den Inquisitoren die Rückkehr nach Toulouse, unter der Voraussetzung allerdings, dass sie die Stadt selber in Frieden liessen und nur ausserhalb der Mauern tätig würden. Tatsächlich wimmelte es auf den Dörfern und in den kleinen Städten um Toulouse von Ketzern.

Auffällig oft erscheint deshalb in den erhaltenen Registern der Inquisition von Toulouse der Eintrag »un sous pour un cheval«. Ein Batzen als Tagesmiete für ein Pferd. Dabei waren Pferde – die Autos des Mittelalters – den Dominikanern streng verboten und mehrere Ordenskapitel hatten bestimmt, dass auch die Inquisitoren des Ordens, dem Evangelium gemäss, »weder Pferde noch Stallburschen« haben dürften. Mit einer Ausnahme allerdings: »Bei Gefahr« dürften sie Pferde besteigen.

Offenbar war die Gefahr so gross, dass die Väter Inquisitoren nur so übers Ketzerland galoppierten. Zeitweise getrauten sie sich überhaupt nicht mehr aus den Mauern von Toulouse heraus und begnügten sich damit, die Ketzer aus dem Umland nach Toulouse vorzuladen. Es erschien kein Einziger.

Also wieder Pferde mieten und von Toulouse durchgaloppieren bis nach Schloss Avignonet. Dieses Schloss gehörte dem Grafen von Toulouse, hier wähnte sich das Tribunal in Sicherheit, von hier aus konnte es weit in die Landschaft hinaus segensreich wirken. Hier liess sich das Inquisitionsgericht formell nieder. Vier Dominikaner gehörten ihm diesmal an, ein Franziskaner auch und sechs weitere Mitarbeiter, Schreiber vor allem und Notare.

Eins hatten die Inquisitoren nicht bedacht: wie gefährlich nahe Schloss Avignonet bei Schloss Montségur lag. Das war die Hochburg der Ketzerei. Unverzüglich trat dort der oberste Ketzer-Rat zusammen, dem der Katharerbischof Bertrand Marty und zahlreiche Adelige aus der gesamten Grafschaft angehörten. In Avignonet biete sich, fanden sie alle, die einmalige Gelegenheit für einen entscheidenden, vernichtenden Schlag: »et non fieret de cetero inquisitio« – »Und für immer wäre es aus mit der Inquisition.«

Es war in der dunklen Nacht vor dem Feste Himmelfahrt, auf Schloss Avignonet schliefen die Inquisitoren alle schon den Schlaf der Gerechten, da rotteten sich in einem Wäldchen nahebei 65 gewaltbereite Ketzer – Terroristen würden wir heute sagen – zusammen: 40 berittene Adelige sowie 25 mit Äxten bewaffnete

Gemeine. Das halbe Dorf, ja der grösste Teil des Schlosspersonals waren ihre Komplizen. So hatten die Verschwörer keinerlei Schwierigkeit, bis vor das Schlafzimmer der Inquisitoren zu dringen. Mit der Axt schlugen sie die Tür auf.

Die Inquisitoren hatten gerade noch Zeit, das Te Deum anzustimmen. Dann wurden alle elf mit Schwertern niedergemetzelt, ihre Schädel mit Äxten zerschlagen, ihre Kleider, ihr Gepäck, sogar die Bücher der Heiligen Inquisition, von den Ketzern begierig geplündert. Ab ging der Beutezug im Triumph über die Dörfer. Fast überall wurde die Mörderbande mit Freudengeschrei empfangen, mancherorts sogar in katholischen Pfarrhäusern gastlich bewirtet. Durch die ganze, weite Grafschaft Toulouse aber verkündeten die Katharer den Irrtum aller Ketzer: »et non fieret de cetero inquisitio«.

Hanna Arendt hat von der »Banalität des Bösen« gesprochen. Beklemmender finde ich die Banalität des Guten. Nicht das glorreiche Martyrium von Avignonet hat den Verfolgungseifer der jungen Inquisition von Toulouse gebrochen, sondern, im Gegenteil, die zermürbende Banalität des alltäglichen inquisitorischen Betriebs.

Fast überall in Frankreich haben die Revolutionäre von 1789 die Dominikanerklöster geplündert und die Archive der Heiligen Inquisition verbrannt. Einige Blätter aus der inquisitorischen Haushaltsführung der ersten Jahre aber sind in Toulouse erhalten. Sie gewähren einen tiefen Einblick in das, was einen jungen Inquisitor beschäftigte, wenn er, hochausgebildet an der Universität Paris, ganz erfüllt vom feinsten juristischen Wissen aus Bologna, sein Amt in Toulouse voll jugendlicher Fortschrittshoffnung antrat.

»Abfallkübel für zwei Batzen gekauft.« »Wäsche für anderthalb Batzen waschen lassen.« »Acht Fuhren Holz für zwölf Pfund und fünf Batzen besorgt.« »Oleum pro lampada für drei Batzen eingekauft.« »Für Frater Johann eine aumucia (Mütze) aus Lammfell zu drei Batzen besorgt, auch Mantelstoff für vier Pfund, sowie zwei Filzhüte für drei Batzen.« Ferner »ein Paar Schuhe für Frater Johann und ebenfalls ein Paar Schuhe für seinen Collega, je zu vier Batzen«. Und dann eine wehmütige Rückbesinnung an die schöne akademische Zeit in Paris: »Ein Lehrbuch der Logik für 26 Batzen erworben.«

Woher die ausufernden Unkosten? Das Mittelalter kannte nicht die moderne Unterscheidung von privatem und beruflichem Leben. Gewiss war die Inquisition in erster Linie ein Büro, ja, sie wurde schon bald danach das »Sanctum Officium« genannt, das »Heilige Büro«. Aber mit dem Heiligen Büro untrennbar verbunden war ein ziemlich gewöhnlicher, unheiliger Haushalt. Der Aufbau dieses Haushalts kostete die ersten Inquisitoren mehr Energie als aller Kampf gegen die Ketzerei.

Es waren die Personalkosten, die der Heiligen Inquisition von Toulouse über den Kopf wuchsen. Dazu nochmals ein Blick in die erhaltenen Blätter des Haushaltsbuchs: Sowohl an Bekleidung als auch an Verköstigung kam das Personal ungleich teurer zu stehen als die Inquisitoren selbst.

Dies war die Frühzeit des Ordens, und wie alle Dominikaner nahmen es auch die Inquisitoren mit ihrem Armutsgelübde sehr streng. Jahrausjahrein lebten sie von potagium, manchmal auch von Fisch. Ihre Diener aber waren keine Mönche. An allen Tagen ausser Freitag wollten sie Fleisch. Fleisch war teuer: »26 Batzen für zwei Schweine.« Da überdies der Wein im Mittelalter noch, wie in der Antike, als Arznei galt, war auch die medizinische Versorgung des Personals teuer: »16 Batzen für 5 Fässlein (barriques) Wein« mag angehen. Aber »ein Schlauch für 4 Pfund und 8 Batzen«, dann gar »ein Fass für neun Pfund«, das ging ins Geld.

Und erst die Handwerker! Wohl hatte der Dominikanerorden der Heiligen Inquisition eine Reihe von Gebäuden an der Stadtmauer von Toulouse überlassen, die übrigens heute noch wenig verändert dort stehen. Schon damals aber waren sie nicht neu. Also erfahren wir, dass die Inquisitoren erst einmal ihre

Dächer neu decken lassen mussten. Auch Küche und Saal bedurften der Renovierung. Doch das war es nicht, was die Heilige Inquisition zahlungsunfähig machte.

In ihrem jugendlichen Idealismus hatten die Inquisitoren von Toulouse gleich zu Anfang feierlich gelobt, niemals Geldstrafen zu verhängen. Damit wollten sie die Unbestechlichkeit der neuen Justiz demonstrieren. Hing doch die Korruption an bischöflichen Gerichten damit zusammen, dass sich fast alles und jedes mit »Geldstrafen« unter der Hand arrangieren liess. Freilich fehlte jetzt dem Inquisitionstribunal die wichtigste Geldquelle aller andern Gerichte.

Noch idealistischer: Feierlich hatten die Dominikaner von Toulouse gelobt, keinen einzigen Gefangenen zu foltern. In modernen Ohren klingt das nach Evangelium, zumindest nach Humanität. In mittelalterlichen Ohren klang das nur nach Weltfremdheit.

Eine mittelalterliche Selbstverständlichkeit war es ja, dass niemand vor Gericht verurteilt werden durfte, es sei denn, er hätte ein Geständnis abgelegt. Da die wenigsten Menschen freiwillig ein Geständnis ablegen, war die Folter das einzige Mittel, einen mittelalterlichen Prozess zügig zu Ende zu bringen. In der Logik des neuen Inquisitionsprozesses mit seinem zentralen Interesse an Wahrheitsfindung hätte es gelegen, dass die römischen Gesetzgeber auch gleich den modernen Indizienprozess eingeführt hätten, der ja ein Urteil auch ohne Geständnis ermöglicht. Doch so weit war man in Rom noch nicht. Was also tun in Toulouse – ohne Folter?

Mit den Perfecti, den Priestern der Katharer, hatten es die Inquisitoren leicht. Ihr Glaube verpflichtete sie, unter gar keinen Umständen zu lügen. Waren sie einmal der Heiligen Inquisition ins Netz gegangen, so bekannten sie freimütig alle ihre Frevel. In himmlischer Ekstase bestiegen sie den Scheiterhaufen.

In himmlischer Ekstase auf den Scheiterhaufen zu steigen, ist aber nicht jedermanns Sache. Selbst stadtbekannte Ketzer stritten vor dem dominikanischen Tribunal einfach alles ab. Was tun, um ein Geständnis herbeizuführen? Was tun ohne Folter?

Es blieb nur ein Mittel: den verstockten Ketzer ins Gefängnis stecken, möglichst lange, bis er mürbe war.

Also ein Gefängnis bauen. Das aber hatten die Inquisitoren an der Universität Paris nicht gelernt. Manche Historiker halten trotzdem die ersten carceres der Heiligen Inquisition für den Beginn des modernen Gefängniswesens. Zumindest stimmt das in einem Punkt: Schon der allererste carcer der Heiligen Inquisition war sündhaft teuer. »Vix etiam lapides aut cementa sufficere possint ad carceres construendas« – »Wir bekommen kaum Steine, kaum Zement genug für den Bau von Gefängnissen.« Nicht die Bosheit der Ketzer hat die Heilige Inquisition zur Verzweiflung getrieben, sondern der hohe Zementpreis.

Erschwerend kam hinzu, dass das mittelalterliche Gefängnis Züge einer Grossfamilie hatte. Keine Frage, dass die Gefangenen ihre Frauen ins Gefängnis nachholen durften. Gewöhnlich kamen Kind und Kegel nach.

Um ihren Haushalt kleinzuhalten, hatten die Inquisitoren nur ein paar Schreiber und Knechte eingestellt. Doch jetzt kam ein Vielfaches an Gefangenen hinzu. Ein überbordender inquisitorischer Haushalt, der paradoxerweise, zumindest im unteren Geschoss, mehrheitlich aus Ketzern und ihren Familien bestand. Zusammen mit dem Unterhalt der Immobilien kostete das alles viel mehr Geld, als die Patres in ihrer jugendbewegten Naivität vorausgesehen hatten. Kaum gegründet, stand die Heilige Inquisition von Toulouse vor dem Bankrott.

Und ging sie auch nicht bankrott, so ging sie doch am Bettelstab. Nun war Betteln im Mittelalter keine Schande. Ähnlich wie der heilige Franziskus hatte auch der heilige Dominikus seinen Orden als »Bettelorden« gegründet. Um der evangelischen Armut willen. Damit allerdings hatten es die Dominikaner nie so ernst genommen wie die Franziskaner. Ihrem Bedürfnis nach solider Organisation entsprechend, hatten sie von Anfang an zwar nicht nach Reichtum gestrebt, aber doch nach sicherer Finanzierung durch regelmässige kirchliche Zuwendungen. Das heisst durch Pfründen. Trotzdem war es in den ersten Jahren der Heiligen Inquisition noch üblich, dass die Dominikaner in Toulouse »zum Sammeln«, das heisst zum Betteln von Haus zu Haus ausschwärmten.

Gerade dies aber hatte die Ordensprovinz jenen Brüdern, die in irgendeiner Weise mit der Inquisition befasst waren, streng untersagt. Der Grund liegt auf der Hand: Die Inquisitoren waren so verhasst, dass niemand ihnen freiwillig die Haustür aufmachte. Hätten die Inquisitoren angefangen, von Haus zu Haus zu betteln, so hätte die Bevölkerung schon bald vor jedem bettelnden Dominikaner reissaus genommen. Daher, im dringenden Interesse des Ordens, das absolute Bettelverbot für Inquisitoren.

Was tun? In ihrer grossen finanziellen Not wandten sich die Inquisitoren an ihren obersten Dienstherrn. Schliesslich hatte der Papst höchstselbst sie beauftragt, einen ganz neuen, europaweit nur ihm gehorchenden Justizapparat in Toulouse modellhaft aufzubauen. Da musste sich der Heilige Vater doch für die neue Institution verantwortlich fühlen. Oder nicht?

Ja, schon. In allen nur denkbaren feierlichen Bullen und Sendschreiben verpflichtete der Heilige Vater die Bischöfe und die Herren Frankreichs, den Dominikanern beim Aufbau der Heiligen Inquisition »consilium, auxilium et favorem« zu gewähren, »Rat, Hilfe und Förderung«.

Aber welcher Bischof hatte schon Lust, sein Geld in eine neue Justiz zu stecken, die ihm wichtige eigene Befugnisse wegnahm? Welcher Konsul von Toulouse hatte Lust, Mittel bereitzustellen für eine Verfolgungsbehörde, die ihn demnächst doch nur selber verbrennen würde? Dass es eine besonders hohe neue christliche Pflicht war, die Heilige Inquisition zu finanzieren, war allen klar. Es fehlte nur die Lust.

Auch den meisten Katholiken fehlte die Lust, die Heilige Inquisition zu unterstützen, zum Beispiele bei Festnahmen. Während sich die Inquisitoren nicht einmal mehr zu Pferd aufs Land hinauswagen konnten, liefen in Toulouse selber stadtbekannte Ketzer vogelfrei herum. Nur wenn sie einen Dominikaner die Gasse herunterkommen sahen, verdrückten sie sich grinsend um die Ecke. Das schwarz-weisse Ordenskleid der Dominikaner ist sehr auffällig. Man erkennt es von weitem.

Wären sie nur in Toulouse frei herumgelaufen. Die Inquisitoren von Toulouse trauten ihren Ohren nicht, als sie erfuhren, dass ganze Scharen von Ketzern, die sie schon verurteilt hatten, rückfällige, verstockte Ketzer, frei mitten in Rom herumliefen. Frei am päpstlichen Hof.

Was war los? Die neue, europaweite Justiz der Heiligen Inquisition war keinem Bischof unterworfen. Aber dem Papst wohl. Und seinen vatikanischen Offizialen. Dass es jetzt den Dominikanern in Toulouse – auch in Paris – gelungen war, eine moderne, saubere, unbestechliche Verfolgungsbehörde aufzubauen, brachte die Pönitentiaren der Kurie auf eine perverse Idee: Konnte nämlich nur der Papst ein Urteil der Heiligen Inquisition wieder aufheben, dann war viel Geld zu machen mit der päpstlichen Rehabilitierung und Begnadigung von Ketzern. In heller Empörung beklagt sich die Heilige Inquisition von Toulouse am 14. Juni 1245 beim Papst selber über diese neueste und schlimmste aller Korruptionen. Im dominikanischen Originalton:

> »Credentes se manum inquisitorum – imo potius Domini – posse evadere ad vestram concurrunt Curiam, tamquam si in eadem possint, persistentes in sua malitia, tuti esse.«

Wörtlich: »Die Ketzer glauben, sie brauchten nur an Eurer Kurie zusammenzulaufen, um aus der Hand der Inquisitoren, ja aus der Hand Gottes zu entrinnen und in all ihrer Bosheit sicheren Schutz zu finden.«

Ein korrupter Vatikan als Zuflucht vor der Heiligen Inquisition – eine schlimmere Sabotage der neuen Gerichtsbarkeit war gar nicht denkbar.

Dem Ordensmeister der Dominikaner, Johannes Teutonicus, schien es höchste Zeit, beim Papst energisch – »cum instantia« – zu intervenieren. Er schickte zwei Brüder nach Rom, die in seinem Namen bei Innozenz IV. persönlich vorstellig wurden: Der Orden des heiligen Dominikus ziehe sich durch die Inquisition so viel Hass zu und werde in seiner eigentlichen Aufgabe, das Evangelium Jesu Christi zu predigen, so kompromittiert, dass der Heilige Vater ein Einsehen haben und die Dominikaner »von der Inquisitionsarbeit entlasten« möge (»ab inquisitione facienda exonerare«).

Von päpstlichem Einsehen keine Rede. Während er den Dominikanern als Antwort eine Bulle voll ermutigender Leerformeln übersandte, ermächtigte Innozenz IV. zugleich die Bischöfe Südfrankreichs, einen nach dem andern, in die neue Gerichtsbarkeit einzugreifen und jene Ketzer, »die Reue zeigen«, aus den Inquisitionsgefängnissen freizulassen. Auch ohne die Zustimmung der Dominikaner.

Was fehlte jetzt noch? Es fehlte nur noch das Schreiben Papst Innozenz IV. vom 14. Mai 1249, in dem er – vermutlich nach bischöflicher Denunziation – das Finanzgebaren der Inquisition von Toulouse aufs Schärfste tadelt. In dunklen Anspielungen spricht der Papst von »Übergriffen«, von »Missständen«, die sogar das Ansehen des Heiligen Stuhls beschädigen könnten. Im Sinne einer durchgreifenden Reform fordert er die Inquisitoren von Toulouse auf, als Erstes die Zahl ihrer Knechte und Schreiber drastisch zu verschlanken.

Sechzehn Jahre lang hatten sich die Dominikaner in Toulouse bemüht, eine beispielhaft moderne, unbestechliche Ketzer-Justiz aufzubauen. Mit dem Idealismus der akademischen Jugend hatten sie die undankbarste aller kirchlichen Tätigkeiten klaglos übernommen. Dem Papst zuliebe hatten sie sich beschimpfen, ja, sie hatten sich totschlagen lassen.

Das Martyrium hatten sie ertragen. Den Hohn aus Rom ertrugen sie nicht. Unmittelbar nach dem Eingang des päpstlichen

Sparerlasses geschieht das Einmalige und Undenkbare: Die Heilige Inquisition tritt in den Streik.

Quer durch das ganze heutige Frankreich, zuerst in Toulouse, dann in Paris, dann in allen andern Provinzen legen die Dominikaner ihre Arbeit in der Heiligen Inquisition nieder. In der Folge weigern sich die zuständigen Ordensobern auch, für die Ausgeschiedenen Nachfolger zu ernennen.

Vermutlich hatte Papst Innozenz IV. genau das provozieren wollen. Weil ihr der eigentliche Herd der Ketzerei als Arbeitsgebiet zugewiesen war, galt die Inquisition von Toulouse auch den Päpsten selber als Modell für die Inquisition in allen andern christlichen Ländern. Jetzt aber schien es Innozenz IV., dass sich das Modell in gefährlicher Weise verselbständigt hatte. Selbstherrlich waren sie geworden, die Inquisitoren von Toulouse. Hatten sie es nicht gewagt, sogar die Missstände an der päpstlichen Kurie unverblümt zu geisseln? Wo würde so viel Freimut, so viel Unabhängigkeit enden? Hohe Zeit, der Heiligen Inquisition Zügel anzulegen. War es da nicht das Einfachste, an Stelle der Dominikaner gefügigere Inquisitoren zu ernennen? Inquisitoren, die wussten, wie man mit den Bischöfen und mit der päpstlichen Kurie zusammenarbeitet. Gütlich, augenzwinkernd.

So beginnt im Jahr 1249 jenes sechsjährige Interregnum, das in die Inquisitionsgeschichte eingegangen ist als »la grande crise de l'Inquisition«. Dabei sah es zuerst gar nicht nach Krise aus. Auf ausdrücklichen Wunsch Innozenz IV. übernahmen allenthalben an Stelle der Dominikaner bischöfliche Offiziale rasch die Inquisition. Ja, die Bischöfe liessen es sich nicht nehmen, selber den Inquisitionsprozessen vorzusitzen. Eine ganz neue juristische Eintracht war das zwischen dem Papst und den Bischöfen.

Und die streikenden Dominikaner? Regelrecht ausgesperrt waren sie jetzt.

Leider dauerte der bischöfliche Elan nur ein ganz kurzes Weilchen. Vor allem in Südfrankreich merkten die Bischöfe rasch, wie unpopulär man sich als Inquisitor macht. Und dass unpopuläre Justiz besonders arbeitsaufwendig ist. Nach einer allerersten Periode des Eifers werden die Dokumente, die von inquisitorischer Tätigkeit der Bischöfe zeugen, auffällig selten. Dafür mehren sich die Klagen über die Bestechlichkeit der neubesetzten Inquisitionstribunale. Keineswegs ein Einzelfall war Bischof Vivien in Najac, der gar keine Inquisitionsprozesse mehr abhalten mochte, dafür aber vermutlichen Ketzern simple Bussgeldbescheide zuschicken liess, und dies, ohne auch nur auf einem Lippenbekenntnis der Reue zu bestehen. Bussgeldbescheide am laufenden Band. So füllten sich die Taschen des Bischofs von Najac. Und die Ketzer grinsten.

Vier Jahre erst, nachdem sie die Inquisition selber übernommen hatten, führen auf der Synode von Béziers die Bischöfe bittere Klage, in der Heiligen Inquisition habe die Korruption derart um sich gegriffen, dass zum Beispiel bei der Beschlagnahme ketzerischen Besitzes am Schluss der Prozedur überhaupt nichts übrig bleibe oder, schlimmer noch, alles auf undurchsichtige Weise wieder im Besitz von Verwandten des beschuldigten Ketzers sei.

Es war der neue Graf von Toulouse, Alphons von Poitiers – der Bruder König Ludwigs des Heiligen von Frankreich –, der als Erster Alarm schlug und dringend die Rückkehr der Dominikaner in die Heilige Inquisition forderte. In Rom fand er offene Ohren. Papst Innozenz IV. war kein Dummkopf. Selber hatte er schnell eingesehen, was für einen Fehler er mit seinen kränkenden Anschuldigungen gegen die Inquisition von Toulouse gemacht hatte. Nach einer Schamfrist von nur zwei Jahren bat er den Provinzial der Dominikaner von Toulouse, doch bitte neue Inquisitoren einzusetzen.

Der Heilige Vater bekam nicht einmal eine Antwort. Ein Jahr später, am 11. Mai 1252, setzte Innozenz IV. sein ganzes Prestige aufs Spiel, indem er den südfranzösischen Bischöfen offiziell mitteilte, er habe den Dominikanerorden erneut mit der Inquisition in ihren Bistümern betraut. Aber was heisst da »betraut«. Die

Dominikaner hatten nicht mehr die allergeringste Lust, sich mit dieser undankbarsten aller Aufgaben betrauen zu lassen. Erneut gaben sie dem Papst nicht einmal eine Antwort.

Nach einer weiteren Schamfrist von einem Jahr wandte sich der Heilige Vater an die Dominikaner von Paris mit dem Ersuchen, doch ihre inquisitorische Tätigkeit, bittebittebitte, wieder aufzunehmen und sie auf Toulouse auszudehnen. Half nichts. Auch aus Paris nicht einmal eine Antwort.

Wieder ein Jahr später, am 12. Juli 1254, griff der Papst zu seinem letzten Mittel: Wenn sie nicht bereit seien, an ihre inquisitorischen Arbeitsplätze zurückzukehren, drohte er den Dominikanern, werde er an ihrer Stelle Franziskaner ernennen.

Das wirkte.

Allerdings waren die streikenden Dominikaner nicht bereit, einfach so, als wäre nichts gewesen, in die Inquisition zurückzukehren. Im Gegenzug verlangten sie weitgehende Garantien für ein künftiges Arbeiten ohne alle bischöfliche, ja ohne päpstliche Einmischung. Die Verhandlungen darüber hatten kaum begonnen, als Innozenz IV. starb.

Sein Nachfolger, Alexander IV., sah keinen Grund, auf das lädierte Prestige seines Vorgängers irgendwelche Rücksicht zu nehmen. In einer raschen Serie von Bullen machte er der dominikanischen Inquisition Zugeständnisse, wie sie keiner in Rom zuvor für möglich gehalten hatte. Schon im ersten Akt, kurz nach seiner Thronbesteigung, bezeichnet er die bischöflichen Inquisitoren als »ehemalige«, die Dominikaner dagegen als »novi inquisitores«. Er erteilt ihnen die Befugnis, alle päpstlichen Häretikergesetze selber in letzter Instanz autoritativ auszulegen. Keinem Bischof sollten sie künftig mehr unterstellt sein. Kein Bischof durfte sie mehr in der Inquisition behindern. Nicht einmal Legaten des Papstes durften ihnen künftig Anweisungen geben. Und der Papst selbst? Zum Zeichen dafür, dass er sich nicht mehr in die Heilige Inquisition einmischen wolle, gewährte Papst Alexander IV. den Inquisitoren ein unerhörtes Privileg:

Selbst im Fall einer Exkommunikation durften sie sich künftig selber, einer den andern, vom Kirchenbann freisprechen – an Papstes Stelle.

Im Einvernehmen mit dem Heiligen Vater erteilte derweil König Ludwig der Heilige all seinen Seneschallen den Befehl, grosszügig für die Sanierung der Finanzen der Heiligen Inquisition zu sorgen, den Bau neuer Inquisitionsgefängnisse rasch voranzutreiben und bei allen andern Amtshandlungen der Inquisitoren, vor allem bei der Gefangennahme von Ketzern, tätig Amtshilfe zu leisten. Die gleiche Anweisung bekamen die Bischöfe vom Papst. Wohl hatten sie künftig nichts mehr in der Heiligen Inquisition zu sagen, doch hatten sie alles für sie zu tun.

Einmalig in der Geschichte der Menschheit: Eine Verfolgungsbehörde hatte gestreikt. Und sie hatte sich durchgesetzt. Einmalig in der Geschichte der Kirche: Eine junge katholische Institution hat dem Heiligen Stuhl getrotzt. Und sie hat sich durchgesetzt. Gegen den Heiligen Vater selbst.

So ist zum ersten Mal in der europäischen Geschichte eine Justiz entstanden, die von allen andern Ämtern und Mächten, ja vom Papst selber unabhängig wirken konnte. So hat das Gesetz über die Willkür triumphiert, die Unbestechlichkeit über die Korruption, der Fortschritt über die Vergangenheit.

Die Heilige Inquisition hatte gesiegt.

Mit selbstbewussten, jugendlich federnden Schritten tritt der Grossinquisitor ab.

2. Rede des Grossinquisitors

Die Heilige Inquisition war frauenfreundlich.

Der Grossinquisitor tritt auf und spricht:

Manchmal werde ich gefragt, was denn einen Grossinquisitor bewege, wenn er an sein letztes Stündlein denkt. Die Antwort fällt mir leicht: Ich möchte sterben wie der heilige Dominikus.

Das war am 6. August 1221. Im Kloster von Bologna lag er und fühlte den Tod kommen. »Tragt mich hinaus vor die Stadt«, sagte er zu den Brüdern. »Ich will sterben, wo die Luft rein ist.«

So haben sie den Spanier hinausgetragen auf Italiens grüne Hügel. Oben bei Santa Maria del Monte breiteten sie einen Wollsack aus und legten den Sterbenden darauf nieder. Gebannt hingen alle an seinen Lippen. Die letzten Worte eines Heiligen galten als sein wichtigstes Vermächtnis.

»Ich habe«, sprach der Heilige, »in allem nach Vollkommenheit gestrebt. In einem aber bin ich unvollkommen geblieben. Lieber als mit euch, geliebte Brüder, habe ich mich stets mit jungen Frauen unterhalten.«

So starb der heilige Dominikus. Er starb so unvollkommen, dass, ein paar Jahre danach, auch der Prozess zu seiner Heiligsprechung ungewohnlich unvollkommen verlief. Bei einem solchen Prozess kommt es ja darauf an, dass möglichst viele Zeitgenossen möglichst viele Wunder möglichst glaubhaft bezeugen. Im Fall des heiligen Dominikus schien das um so wichtiger, als es zuvor, bei der Heiligsprechung des heiligen Franziskus, von Wundertaten und von Wunderzeugen nur so gewimmelt hatte.

Und jetzt? Eine Zeugin nach der andern trat vor und schwärmte von den »blauen Augen« des Spaniers. Von seinen »blonden

Haaren«. Selbst die Schönheit seiner »sanften Hände« wurde – noch heute in den Akten nachlesbar – im Heiligsprechungsprozess der Nachwelt wortreich bezeugt.

Von Wundern kaum die Rede. Dafür umso mehr von der guten Laune des Heiligen. Und, immer wieder, von seiner ganz ungewöhnlichen Freundlichkeit im Umgang mit Frauen.

So gross war das Charisma des heiligen Dominikus im Umgang mit den Frauen, dass er als Erstes gar keine Brüder, sondern vielmehr eine Gemeinschaft von Frauen um sich gesammelt hat. Das war im Jahr 1206 in Prouille – ganze neun Jahre bevor er in Toulouse den männlichen Zweig des Ordens gründete. Das heisst: Die Dominikanerinnen waren in ihren Ursprüngen gar kein Männerorden, sondern eine Frauenbewegung. Hat nicht der flämische Dominikaner Edward Schillebeeckx – einer der grössten Theologen des 20. Jahrhunderts – recht, wenn er den heiligen Dominikus feiert als den Stifter eines »evangelical women's movement«?

Fehlt jetzt noch etwas im Charakterbild des heiligen Dominikus? Eines ja: Dieser Stifter der Frauenbewegung des 13. Jahrhunderts ist – schwer verständlich, aber keineswegs zufällig – zugleich der Stifter der Heiligen Inquisition.

Kaum habe ich es ausgesprochen, da höre ich schon den Chor des empörten Protestes: Nein! Nicht der Stifter der Heiligen Inquisition ist der heilige Dominikus. Im Gegenteil. Fast lieber noch als mit den Frauen hat er sich mit Ketzern unterhalten. So steht es doch in allen neueren Biographien!

Nun. Zu den peinlichen Pflichten des Grossinquisitors gehört es, peinliche Wahrheiten auszusprechen. Ich spreche jetzt die allerpeinlichste Wahrheit aus: Es gibt auf der Welt nichts Verlogeneres als unsere katholische Geschichtsschreibung. Wie ein Schiff ohne Ruder und ohne Segel treibt sie hilflos in den lauen Winden der jeweils neuesten politischen und religiösen correctness. Am Verlogensten aber ist die Hagiographie, das heisst die katholische Geschichtsschreibung über Heilige. Inzwischen gibt es kaum noch eine heilige Nonne, die nicht schamlos umgedichtet würde zur Pionierin der Frauen-Emanzipation.

Am Schlimmsten aber ist es dem heiligen Dominikus ergangen. Vom 14. bis zum 19. Jahrhundert ist er in allen katholischen Darstellungen der heilige Stifter der Heiligen Inquisition. Es folgt eine Periode des behutsamen, zwielichtigen Übergangs, in der ein so ausgezeichneter Biograph wie Petitot 1925 immerhin noch zugibt, Dominikus habe mit der Heiligen Inquisition »mehr zu tun gehabt, als man glauben möchte«. Bis dann – ich drücke es jetzt so schamlos aus, wie es ist – sofort nach der unübersehbaren Niederlage der Herren Hitler, Mussolini, Pétain, Franco und Salazar die katholische Geschichtsschreibung, von Vicaire bis Schillebeeckx, aus der inquisitorischen Asche einen ganz neuen, politisch correcten Dominikus zaubert, der nichts anderes mehr im Sinn hat, als in den Herbergen von Toulouse nächtelang mit Ketzern liebevolle Dialoge zu führen, um sie mit der katholischen Kirche zu versöhnen. Sein ganzes Anliegen, schreibt Schillebeeckx, war es, »die damals modernen experimentellen Evangeliumsbewegungen in die Perspektive der Kirche zu bringen«.

Soso.

Ein Brief des heiligen Dominikus ist auf uns gekommen. Nichts als ein einziger kleiner, jedoch hochamtlicher Brief, in dem er den Katharer Ponce Roger mit der katholischen Kirche »versöhnt«. Der Wortlaut dieses »Versöhnungsbriefs« ist übersetzenswert:

»Wir ordnen an, dass Ponce Roger an drei Sonntagen oder Feiertagen, nackt bis zu den Hüften, von seinem Pfarrer vom Dorfeingang zur Kirche geführt, und dass er dort ausgepeitscht wird. Wir befehlen, dass er nie mehr Fleisch, Eier oder Käse essen darf, also überhaupt keine Nahrung tierischen Ursprungs. Ausnahmsweise befehlen wir ihm jedoch, an Ostern, Pfingsten und Weihnachten all dies zu essen, und zwar als Ausdruck der Bekehrung von seinen vergangenen Irrtümern. Sein Jahr soll künftig drei Fastenzeiten haben, in denen er auch keinen Fisch essen darf. Drei Tage in der Woche soll er weder Fisch, noch Öl, noch Wein zu sich nehmen. Er soll einen langen dunklen Büsserrock tragen, auf den unterhalb der beiden Schultern zwei Kreuze zu heften sind. Wenn irgend möglich, soll er jeden Tag zur Messe gehen, an Festtagen auch zur Vesper, überdies soll er tagsüber und nachts alle Stundengebete der Mönche mitbeten, also täglich siebenmal. Ferner soll er tagsüber zehnmal und zur Mitternacht zwanzigmal das Vaterunser beten. Er muss fortan in absoluter Keuschheit leben und darf das Dorf Tréville nicht mehr verlassen. Diesen Brief wird er jeden Monat einmal seinem Pfarrer vorlegen.«

Soweit die authentische Selbstdarstellung des allerneuesten Champions des ökumenischen Dialogs. Wen das nicht überzeugt, der fahre nach Florenz und werfe selber einen Blick auf das berühmte Schwert des heiligen Dominikus. Es sieht nicht so aus, als ob damit Butterbrote gestrichen worden wären.

In der alten Vorstadt von Toulouse gibt es, im ersten Stock eines Wohnhauses, eine postmodern gestylte Kapelle. Sie war ursprünglich das Schlafzimmer des heiligen Dominikus. Wenige Jahre schon nach seinem Tod wurde dieser Raum dann aber zum Office – »officium« – der Heiligen Inquisition. Und blieb es jahrhundertelang. Bis dann, in der Französischen Revolution, wieder ein normales Schlafzimmer daraus wurde. Neuestens wurde dieser Raum erneut umfunktioniert, diesmal zum liturgisch fortschrittlichen Heiligtum ökumenisch correcter Dominikus-Verehrung. Wendet sich nächstens auf unserem katholischen Kirchturm die ideologische Wetterfahne erneut, so wird das gute alte Schlafzimmer des heiligen Dominikus, mit Gottes Hilfe, gewiss bald wieder ein schönes Office der Heiligen Inquisition.

Dass die postkonziliaren Hagiographen mit dem heiligen Dominikus noch viel schamlosere Purzelbäume veranstalten konnten als mit den heiligen Nonnen, dies allerdings hat seinen Grund in der Persönlichkeit des Heiligen selbst. Der Schriftsteller Georges Bernanos, selber ein grosser Meister, hat die religiöse »Meistergrösse« des heiligen Dominikus bewundert. Es kennzeichnet grosse, kraftvolle Menschen, dass sie die allergrössten Widersprüche in sich vereinen: Der heilige Dominikus war wirklich der Stifter der Heiligen Inquisition; und er war wirklich der Stifter einer Frauenbewegung. Beides zugleich. Das ist ein Paradox. Das Paradoxon aber ist die Grundfigur der Religion.

Wohl wahr, dass Dominikus schon 1221 gestorben ist, ein gutes Jahrzehnt bevor Papst Gregor IX. die Heilige Inquisition formell ins Leben rief. Und doch ist es eine Tatsache, dass die päpstliche Gründung nichts als eine juristische Totgeburt geblieben wäre, hätte dieser Heilige nicht zuvor jene fortschrittliche akademische Jugendbewegung gegründet, die allein zur erfolgreichen Trägerin der neuen Ketzerverfolgung werden konnte.

Wer's nicht glauben will, der werfe einen kurzen Blick in die feierliche Gründungsurkunde des Dominikanerordens. Diese stammt aus dem Jahr 1215. »Im Namen Jesu Christi« formuliert sie den Zweck des neuen Ordens so:

> »ad extirpandam haereticam pravitatem«
> »um die Bosheit der Ketzerei auszurotten«.

Im Jahr 1215! Sechzehn Jahre bevor Papst Gregor die Heilige Inquisition formell stiftete, hat der heilige Dominikus schon, ebenso formell, das hochqualifizierte Personal dafür bereitgestellt. So etwas nenne ich vorauseilenden Gehorsam.

Genauso recht aber hat Edward Schillebeeckx, wenn er den heiligen Dominikus als Stifter der »evangelischen Frauenbewegung« des 13. Jahrhunderts feiert. Allerdings lag das nicht nur an dem frauenfreundlichen Charisma des Heiligen. Jene urbane Fortschrittlichkeit und Intellektualität, die den neuen Orden zur Übernahme der Inquisition befähigte, eben diese zog eine ganze Generation europäischer Frauen wie magisch zu den Dominikanern hin. In Frankreich und Spanien, in Italien und Deutschland wurden Zehntausende von jungen Frauen Dominikanerinnen. Allein in Niederdeutschland waren es, Schillebeeckx zufolge, »Hunderte von Klöstern, jedes mit mehr als hundert evangelischen dominikanischen Frauen«. Sehr bald schon waren die Proportionen im Dominikanerorden so, wie sie heute noch sind: Dieser frauenfreundlichste aller Orden zählt lediglich 4000 Mönche – aber dafür 42.000 Nonnen.

Wenn Frauen allzu lebhaft die Initiative ergreifen, reagieren Männer oft verstört. Ohnehin waren die Dominikaner überfordert durch die Übernahme der Heiligen Inquisition. Und jetzt, zur Inquisition hinzu, noch eine Frauenbewegung! Ob des überwältigenden Zustroms von Nonnen brach im männlichen Ordenszweig eine derartige Panik aus, dass das Generalkapitel von Paris 1228 einen strikten Numerus clausus für Nonnen beschloss.

So ging das, gut drei Jahrzehnte lang, von 1228 bis 1259: Ein Ordenskapitel nach dem andern verhängte einen Numerus clausus gegen die Nonnen nach dem andern. Half nichts. Regelrecht gestürmt wurde der Orden der Heiligen Inquisition von der Frauenbewegung des 13. Jahrhunderts.

Rettungslos von Nonnen eingekesselt waren die Kölner Dominikaner. Aus dieser strapaziösen, aber doch auch im besten Wortsinn aufregenden Begegnung von fortschrittlichen Mönchen und fortschrittlichen Nonnen ist die schönste Blüte deutscher Frömmigkeit hervorgegangen: die Rheinische Mystik. O die Geburt der Gottheit in der Seele! Lauter urweibliche spirituelle Erfahrungen sind es, die Meister Eckhardt von seinen Dominikanerinnen in seine Mystik übernommen hat.

Und erst die Mystik in Konstanz! Was wäre der selige Schwabe Heinrich Seuse im Dominikanerkloster von Konstanz geworden, wäre nicht jene starke schweizerische Dominikanerin gewesen, die sein allzeit verzagendes deutsches Mystikerseelchen allzeit wieder aufgerichtet hat:

Heinrich Seuse und Elsbeth Stagl! Elsbeth Stagl und Heinrich Seuse!

Und erst der selige Jordan von Sachsen! Der Deutsche aus Osnabrück war der engste Freund des heiligen Dominikus und sein unmittelbarer Nachfolger als Ordensmeister. Die Kirche hat ihn zur Ehre der Altäre erhoben. Zu Recht. Jordan von Sachsen ist der Patron der »spiritualis amicitia« zwischen Mönchen und Nonnen.

Diana hiess sie und war eine heissblütige Patriziertochter im Dominikanerinnenkloster von Bologna. Wann immer dem seligen Jordan der Ärger mit der Heiligen Inquisition über den Kopf wuchs, suchte er Trost bei ihr. Und er fand ihn. Mit gut fünfzig Liebesbriefen haben Jordan und Diana einander spirituell getröstet. Leider sind nur seine Briefe erhalten. Schade. Die ihren waren gewiss noch schöner. Jordan an Diana:

»Dein bin ich in der Arbeit und in der Ruhe, Dein bin ich, wenn ich bei Dir oder in der Ferne weile, Dir gehört mein Gebet und alle meine guten Werke, Dir gehöre ich in der, so hoffe ich, glücklichen Ewigkeit.«

Was Hunderttausende von bewegten Frauen des späten Mittelalters erleben durften, das hat die grösste von allen, die heilige Katharina von Siena, mit einem bewegenden Satz bezeugt: »Der Orden des heiligen Dominikus ist wie ein Garten unermesslich schön, voll Duft und guter Laune.«

Und jetzt die Frage aller Fragen: Wie ist es möglich, dass ausgerechnet in dieses schönste aller Frauenparadiese der schlimmste Albtraum der Frauen einbrechen konnte?

Der Grossinquisitior senkt die Augen.

Ich spreche von der Hexenverfolgung.

Der Grossinquisitor senkt das Haupt.

Ich spreche von der Hexenverbrennung.

Langanhaltende Bewegung unter den Frauen im Saal.

Ihm komme es vor, hat Papst Paul VI. einmal gesagt, als sei »der Rauch des Satans« »wie durch einen Spalt« in die Kirche Gottes eingedrungen. Der Spalt, durch den der Rauch des Satans eingedrungen ist in die Heilige Inquisition, trägt einen deutschen Namen: Konrad von Marburg.

Im Jahr 1231 hat Papst Gregor IX. etwas Fatales getan: Zwei Jahre vor den Dominikanern in Toulouse ernannte er zum Inquisitor für Deutschland keinen Dominikaner, sondern einen Weltpriester, eben jenen Konrad von Marburg, der sich zu diesem Zeitpunkt bereits einen höchst bedenklichen Namen gemacht hatte. Als »Seelenführer« – wir würden heute sagen: als Religionspädagoge – der heiligen Elisabeth von Thüringen.

Das ist jene deutsche Heilige, die als himmlisches Modell der liebenden Ehefrau und Mutter gilt. Doch wie so manche liebende Ehefrau und Mutter hat die heilige Elisabeth wohl eher unser Mitleid als unsere Bewunderung verdient.

Vier Jahre alt war die ungarische Königstochter, als sie im Jahr 1211 nach Thüringen gebracht wurde, dem künftigen Landgrafen Ludwig zur künftigen Gemahlin bestimmt. Mit vierzehn wurde sie dem 17jährigen vermählt. Doch vorher schon wurde sie Deutschlands berühmtestem Bussprediger, Konrad von Marburg, übergeben. Zur religionspädagogischen Betreuung.

Religionspädagoge Konrad nahm – wie alle Religionspädagogen – seine pädagogische Tätigkeit sehr ernst. Wie oft ist er des Nachts selber aufgestanden, um Elisabethchen aus dem Bett zu reissen. Damit das Mädchen lerne, dass Beten wichtiger ist als Schlafen. Wie oft hat er sie und ihre Gespielinnen »usque ad camisiam« – »bis aufs Hemd« – ausgezogen und sie dann durch seinen Gehilfen Gerhard geisseln lassen: »virga grossa et satis longa – mit einer dicken und gar langen Rute«. Während er selber, zur musikalischen Begleitung der religionspädagogischen Übung, den Busspsalm »Miserere« sang.

Bei derlei religionspädagogischer Betreuung bekam Elisabethchen zunehmend Visionen. Als sie, wieder zu sich kommend, eines Tages bekannte, sie sei während der Geisselung entrückt gewesen bis in den dritten Chor der Engel, fand Meister Konrad, er habe sie wohl nicht genug geschlagen: »So mus es mich ymer rewen, das ych sy nit schlug bis in den nündten chor.«

Nach der frühen Heirat gebar das Mädchen Elisabeth dem Landgrafen Ludwig in rascher Folge drei Kinder. Die religionspädagogischen Übungen hörten deshalb nicht auf. Meister Konrad nahm ihr sogar das Gelübde ewiger Keuschheit für den Fall ab, dass ihr Mann sterbe. Landgraf Ludwig beeilte sich zu sterben.

Das alles war nur ein Vorspiel gewesen zu den asketischen Übungen, die jetzt begannen. Zuerst nahm Meister Konrad der trauernden Witwe die Kinder weg und sperrte sie selber bei Wasser und Brot in ein winziges Hüttchen »von Leymen (Lehm) und Holze«. Um »des Fleisches Hoffahrt« zu dämpfen, verbot er ihr zwei Jahr lang, ihren Leib zu waschen. Zu ihrer Kasteiung durfte sie nur noch mit drei Personen Umgang haben: mit einer »hässlichen Nonne«, mit einer »taubstummen Witwe« und natürlich mit ihm selber. Der Umgang mit ihm, so urteilt trocken ein Chronist, hätte eigentlich als Kasteiung genügt.

Ausgang aus ihrem Gefängnis bekam Elisabeth lediglich, um Almosen im Volk zu verteilen. Sobald jedoch Meister Konrad merkte, dass Elisabeth Freude daran hatte, verbot er ihr wiederum, Gutes zu tun.

Es wundert nicht, dass die Seele der heiligen Elisabeth von Thüringen mit 24 ihrem gemarterten Leib entfuhr. Noch weniger wundert es, dass ganz Deutschland für Elisabeth als neue Nationalheilige in ungeheurer Verehrung entbrannte. Und dass, natürlich, ihr religionspädagogischer Betreuer an dieser Glorie teilhatte, als stünde er bereits, auf allen Altären, an Elisabeths Seite. Womöglich – das muss ich auf Lateinisch sagen – mit der virga grossa et satis longa als Symbol.

Hartnäckig hält sich das alte Vorurteil, dass Rom in Deutschland der Durchblick fehle. Das Schlimmste an den Vorurteilen ist, dass sie oftmals wahr sind. Jeder empirischen Personenkenntnis bar verlieh in Rom Papst Gregor IX. Konrad von Marburg in Anerkennung seiner religionspädagogischen Verdienste um die heilige Elisabeth den Ehrentitel »Brautführer der Kirche«. Und ernannte ihn überdies zum Inquisitor für ganz »Teutonia«. Der Frauenfeind von Marburg wird 1231 erster »deutscher Ketzermeister«.

Eine schaurigere Fehlbesetzung war nicht denkbar. Des Papstes Absicht war es ja gewesen, an Stelle der hysterischen Ketzer-Pogrome aus dem Volk und an Stelle der korrupten bischöflichen Prozesse eine neue Gerichtsbarkeit ins Leben zu rufen, die, ganz der Wahrheitsfindung verpflichtet, im Einzelfall unbestechlich und sachlich – wir würden heute sagen: rational – vorgehen und urteilen sollte.

Ketzermeister Konrad tat das schiere Gegenteil. In einem wahren Amoklauf jagte er quer durch Deutschland und hetzte das abergläubische Volk von allen Kanzeln mit der wahnsinnigen Botschaft auf, der Satan bedrohe die Christenheit in Gestalt eines riesigen schwarzen Katers, dem die Ketzer bei ihren nächtlichen Orgien den Arsch küssten.

Nicht weniger aberwitzig war der Tross, der den Ketzermeister auf seiner Ketzerjagd unterstützend begleitete. Da war der »Einäugige Johannes«, ein analphabetischer Brutalix, der jedoch die besondere Fähigkeit besass, jeden Ketzer sofort »am Blick« zu erkennen. Nur sehr hohe Trinkgelder konnten sein Zyklopenauge besänftigen. Kongenial an seiner Seite wirkte eine adelige Dame, die »Entlaufene Adelheid«. Eine wahre Filmfigur war das, wie aus »Noblesse oblige« entlaufen. Systematisch sorgte sie dafür, dass Ketzermeister Konrad ihre gesamte adelige Verwandtschaft, Männer und Frauen, verbrannte. Ketzerjägerin Adelheid blieb allein übrig. Und so fiel ihr ganz allein ein überreiches Erbe zu.

Päpstlicher Zweck der neuen Inquisitions-Gerichtsbarkeit war es unter anderem gewesen, die endlos verworrenen bischöflichen Prozesse abzukürzen. Diesen Zweck allerdings erfüllte Ketzermeister Konrad im Übersoll. Je länger er durch Deutschland zog, desto kürzer wurden seine Prozesse. Zuletzt bestanden sie nur noch aus ein paar Vexierfragen. Der Angeklagte mochte antworten, was er wollte, schon schleuderte Konrad ihm das Urteil der Verdammnis ins Gesicht: »Tollite, tollite impium haereticum, igneque comburendum! – Packt ihn, packt den bösen Ketzer und weg mit ihm ins Feuer!«

Die theologische Bildung von Religionspädagogen ist oftmals beschränkt. So ist die Frage erlaubt, ob Ketzermeister Konrad überhaupt imstande war, einen Ketzer von einem Katholiken zu unterscheiden. Wahrscheinlich nicht. Jedenfalls war dies sein Lieblings-Spruch: »Wenn ich Hundert verbrenne, und es ist auch nur ein einziger Ketzer darunter, so hat es sich schon gelohnt.«

Schaurige Sensationen, von Mund zu Mund weitergegeben, liessen die Massen zusammenlaufen, etwa dass der Satan selber über Konrads Scheiterhaufen erscheine, um seine »specialis amica«, eine besonders schöne Ketzerin, unversehrt aus den Flammen durch die Lüfte zu entführen.

Eine auffällige Dimension des Wahns ist der Grössenwahn. Das ist bei Ketzern so und war bei Ketzermeister Konrad nicht anders. In seinem Machtrausch lud Ketzermeister Konrad den Grafen Heinrich von Sayn vor und klagte ihn an, bei einer nächtlichen Ketzerversammlung auf einem riesigen Krebs herumgeritten zu sein.

Nun war Heinrich von Sayn nicht irgendein kleiner Raubritter. Seine weit bis ins Elsass verstreuten Güter machten ihn zu einem der mächtigsten Männer Süddeutschlands. Seit seiner Teilnahme am Kreuzzug galt er als »vir (Mann) christianissimus«. Schon trug er den Beinamen »Heinrich der Grosse«. In seinem Grössenwahn hat sich Ketzermeister Konrad bei Heinrich von Sayn in der Grössenordnung vertan.

Mitternacht, die Geisterstunde. Am Löhnberg bei Marburg warten im Gebüsch ein halbes Dutzend schwarzvermummte Gestalten. Gute Freunde des Grafen von Sayn. Alle haben sie nur einen Gedanken: »Durch diese hohle Gasse muss er kommen!«

»Erbarmen!« war das letzte Wort Konrads des Unbarmherzigen, als sie ihn vom Pferd rissen. Dann ward er in Stücke gehauen. Durchaus wohlgläubige, fromm katholische Ritter waren es, die mit Gottes Hilfe das Gottgefällige taten und das Land von dem Wüterich befreiten. In Marburg wurden Konrads zerhackten Reste beigesetzt, pietätvollerweise an der Seite seines unglücklichsten Opfers, der heiligen Elisabeth.

Als ihm dies alles berichtet wurde, schüttelte, so heisst es, Papst Gregor nur seinen italienischen Kopf: »Verrückt sind die Deutschen immer gewesen. Jetzt haben sie auch noch einen verrückten Inquisitor bekommen.«

Durch ganz Deutschland aber hallte, wie zu erwarten, der Urschrei der Vergangenheitsbewältigung: Nie wieder so etwas! Nie wieder Konrad von Marburg!

Nie wieder Heilige Inquisition!

Während sie jetzt in Frankreich, in Spanien und in manchen italienischen Staaten heranwächst zu einer gefestigten, machtvollen Institution, kümmert die Päpstliche Inquisition in Deutschland, nach Konrads entsetzlichem Fehlstart, jämmerlich vor sich hin. Wohl ernennt der Papst aus den Dominikanerklöstern von Regensburg, Köln und Strassburg für Deutschland neue Päpstliche Inquisitoren, die alles besser machen sollen. Doch die allgemeine Abscheu im Volk, der erklärte Widerwille fast aller Landesfürsten, auch der geistlichen, gegen jedes erneute inquisitorische Experiment, macht die Dominikaner in Deutschland handlungsunfähig.

So haben mehrere Historiker die Annalen der deutschen Dominikanerklöster für die beiden folgenden Jahrhunderte peinlich durchforscht. Allerorten haben sie lange Stammbäume von Patres gefunden, die, einer nach dem andern, den tönenden Titel »Inquisitor haereticae pravitatis« führten, »Inquisitor gegen die ketzerische Bosheit«. Doch dies war nicht mehr als ein Ehrentitel, verdienten Mönchen etwa so auf die Brust geheftet, wie heute in Frankreich verdienten Honoratioren das Bändelchen der Ehrenlegion. Und während in den lateinischen Ländern für die Heilige Inquisition der vielsagende Name »Sanctum Officium« in Schwang kommt, »Heiliges Büro«, hat der ganz normale deutsche Inquisitor keinen Schreiber, keinen Notar, nicht einmal ein aktentragendes Faktotum. Er hat überhaupt kein Büro.

Was aber tut ein Inquisitor ohne Büro? Statt echte Ketzer zu verbrennen, versuchte sich der eine oder andere in einem wohlfeilen Ablenkungsmanöver, nämlich in der feigen Verfolgung von Beghinen, harmlosen Frauen, die nach spiritueller Selbstverwirklichung strebten. Ein paar Neidhammel im Kölner Dominikanerkloster kamen gar auf die Idee, die Heilige Inquisition zu missbrauchen, um ihrem allzu erfolgreichen Mitbruder, dem berühmten Frauenfreund Eckhardt, heimzuzünden. Mangels echter Büroarbeit geriet das böswillige Unternehmen aber auf die lange kirchenrechtliche Bank. Auf dem Weg zum Papst nach Avignon, wo er sich verteidigen wollte, starb Meister Eckhardt, fern seinen bösen Kölner Ordensbrüdern, eines natürlichen Todes.

Ohnehin war in Deutschland weniger Ketzerei los als in Norditalien oder in der Provence. Da dieses Thema somit die Allgemeinheit viel weniger in Atem hielt, wäre wohl, auch ohne den schaurigen Präzedenzfall Konrad von Marburg, die Bereitschaft zur Inquisition in Deutschland weniger gross gewesen. In den meisten Fällen übernahmen das weiterhin, ohne päpstliches Mandat, die örtlichen Gerichte, weltliche oder geistliche. Später traten auch freiberufliche Inquisitoren auf den Plan, selbsternannte Wanderinquisitoren, die, durch ganz Deutschland reisend, den Bischöfen hier und dort ihre Dienste anboten. Wie wenig geschützt die Berufsbezeichnung Inquisitor in Deutschland war, mag der Umstand verdeutlichen, dass sich eines Tages die Universität Wien ohne irgendwelche päpstliche Erlaubnis den Ehrentitel »Inquisitrix« zulegte.

Die Frage bleibt, was alle jene deutschen Dominikaner taten, die sich durchs ganze späte Mittelalter hindurch mit dem stolzen Titel »Inquisitor haereticae pravitatis« schmückten? Das vernichtende Urteil des britischen Historikers Richard Kieckhefer lautet: »In den meisten Fällen taten sie zweifellos nichts.«

»Nothing.«

Mancher wird das nicht so schlimm finden. Was kann denn, wird er fragen, einem Land Besseres passieren als eine arbeitslose Verfolgungsbehörde? Wer so fragt, hat keine Ahnung, welch verheerende Schäden Arbeitslosigkeit im Menschen anrichten kann. Seelische und, schlimmer noch, moralische Schäden.

Müssiggang ist aller Laster Anfang!

Auch bei der Heiligen Inquisition. Auf der verzweifelten Suche nach Arbeit zog im Jahr 1486 ein arbeitsloser Strassburger Inquisitor, der Dominikaner Heinrich Kramer (latinisiert lautet der Name Institoris), bis nach Tirol. Wortreich trug er dem Bischof von Brixen sein ABM-Programm vor. Der Tiroler hörte dem Elsässer ebenso geduldig wie skeptisch zu. Dann fragte er ihn ganz sanft, ob er sich nicht lieber pflegen lassen wolle. Offensichtlich leide er »an Altersschwachsinn«.

Ein doppelter Irrtum. Pater Heinrich war, als er in Tirol Arbeit suchte, erst 55 Jahre alt. Und nicht Altersschwachsinn war es, was ihn so alt aussehen liess, sondern unerfüllter Tatendrang.

Noch im selben Jahr 1486 schlägt Heinrich Kramer im wahrsten Wortsinn zu. Er veröffentlicht den »Malleus maleficarum«. Das heisst auf deutsch »Hexenhammer«.

Ein zweites Mal dringt, wie schon zu Konrads Zeiten, des Satans Rauch ein in die Heilige Inquisition. Mir ist, als höre ich mit eigenen Ohren, was der höllische Verführer dem arbeitslosen deutschen Inquisitor einflüstert:

Jawohl, gewiss heisse es in der »Practica Inquisitionis«, im massgebenden Handbuch der Toulouser Inquisition, dass der Inquisitor die Finger von den Hexen lassen solle. Hexerei sei ja nur Aberglaube, kein Irrglaube, eine Sekte schon gar nicht. Und somit kein Gegenstand für Inquisition.

Aber müsse denn, fuhr die Stimme teuflischer Verführung fort, was in Toulouse stimme, in Strassburg Wahrheit sein? So viele Hexen gebe es in Deutschland, dass dies eine Sekte sein müsse. Unwiderleglich eine ganze Hexen-Sekte. Und somit ein echter Fall für die deutsche Inquisition im Allgemeinen und Pater Heinrich Kramer im Besonderen.

Satanische Arbeitsbeschaffung für eine arbeitslose Verfolgungsbehörde. Aus dem »Hexenhammer« erfahren die Deutschen, dass sie bedroht sind durch eine neuentdeckte satanische Sekte. Diese besteht fast nur aus Frauen, die sich zur Mitternacht an verschwiegenen Orten versammeln zu unflätigen Tänzen mit dem Teufel. Aus dem perversen Geschlechtsverkehr mit den drüberliegenden Mannsteufeln (»incubi«) und – noch grausiger – mit den drunterliegenden Weibsteufeln (»succubi«) gewinne diese Sekte eine satanische Zauberkraft: Hagel, Dürre, Raupen, Schnecken, Seuchen, Missgeburten, Impotenz – an allem sind die Hexen schuld.

»Altersschwachsinn«? Nein. In insgesamt 55 akademisch anspruchsvollen »Quaestiones« erklärt der »Hexenhammer« seinen gespannten Leserinnen und Lesern alle, auch die heikelsten Details aus dem Sexualleben der Hexen und Teufel. In angenehm gelehrter Sprache, ja in einem ausgesprochen eleganten Theologen-Latein, der »lingua Parisiensis«, führt das Buch zurück in die Steinzeit unserer Religion: »Hexen sollst du nicht am Leben lassen« (2. Buch Mosis, 22. Kapitel, Vers 17).

Auf der Stelle wird der »Malleus maleficarum« zum nationalen Bestseller. Allein in Deutschland selber erlebt er sechzehn Auflagen.

»Altersschwachsinn«? Der »Hexenhammer« ist der moderne, genial gekonnte Versuch einer frustrierten Verfolgungsbehörde, sich nach Jahrhunderten im ruhmlosen Standby endlich wieder Macht und Prestige zu verschaffen. Durch das neue Massenmedium Buch.

Der Erfolg dieses modernen Buches hat die Dimensionen einer modernen Verfolgungshysterie. Überall in Deutschland lodern die Scheiterhaufen auf, vereinzelt zuerst und örtlich wechselnd, bis sie sich zu Beginn des 17. Jahrhunderts vereinigen zu einem einzigen ungeheuren Brand. In seiner Chronik »Gesta Trevirorum« berichtet der Trierer Domherr Johann Linden: »Durch die Städte und Dörfer des ganzen Bistums jagten, von Gericht zu Gericht, spezielle Ankläger, Inquisitoren, Notare, Beisitzer, Richter, Häscher, schleppten Menschen auf die Folter und verbrannten sie in grosser Zahl.« Der Bürgermeister von Trier, Dietrich Flade, ein in ganz Deutschland angesehener Jurist, versucht sich der Hysterie entgegenzustellen, ebenso der Abt von Sankt Martin. Beide werden mit den Frauen Triers mitgefoltert und mitverbrannt.

Grauenhafter noch als in Trier geht es in Würzburg zu. Zuerst lässt Fürstbischof Friedrich Adolf die alten Frauen verbrennen, danach die jungen. Und dann beginnt in Würzburg das grosse »Kinder-Brennen«. Auf dem Höhepunkt der Hysterie werden in Würzburg ganze Schulklassen auf den Scheiterhaufen gebunden und verbrannt.

Ein bisschen länger hält die Vernunft im Erzbistum Köln. Aber sehr viel länger auch nicht. »Es geht gewiss die halbe Stadt drauf«, schreibt der Bonner Pfarrherr Duren. »Denn allhier sind schon Professoren, Candidati juris, Domherren und Vicarii, Ordensmänner eingelegt und verbrannt. Der Kanzler sammt der Kanzlerin und des geheimen Secretarii Hausfrau sind schon fort und gerichtet. Kinder von drei bis vier Jahren haben ihren Buhlteufel. Studenten und Edelknaben von neun, von zehn, von elf, zwölf, dreizehn, vierzehn Jahren sind hier verbrannt.«

Der Mann, dem es gelungen ist, dem grossen deutschen Hexenwahn ein Ende zu setzen, ist der Düsseldorfer Jesuit Friedrich Spee von Langenfeld. Ihn braucht kein Grossinquisitor zu rühmen. Leibniz hat das viel besser getan, als ich es kann. Dennoch steht in Spees Buch »Cautio criminalis« ein schrecklicher

Satz. Ihm sei, schreibt der deutsche Jesuit, als zeige ganz Europa mit dem Finger auf sein Vaterland:

»Schaut da Deutschland, so vieler Hexen Mutter!«

Ein echter Deutscher war er, Friedrich Spee, und so hat er auch für dieses deutsche Übel die Schuld im deutschen Charakter gesucht. Zum Beispiel im »Eifer des Richtens bei uns Deutschen«. Wörtlich klagt er, »dass bei uns Deutschen und insbesondere – worüber man sich tief schämen muss – bei den Katholiken der Aberglaube, die Missgunst, Verleumdung, Ehrabschneiderei, die Schmähsucht und das hinterlistige Ohrenblasen unglaublich tief verwurzelt sind.«

Wie die meisten deutschen Selbstbezichtigungen ist dies – ich sage es bei allem Respekt vor Friedrich Spee – tiefsinniger Unsinn. Als Grossinquisitor stehe ich über den Nationen und erst recht über nationalen Vorurteilen. Obwohl es stimmt, dass der Hexenwahn in Deutschland viel ärger gewütet hat als in jedem andern Land – weit ärger als in Frankreich oder England –, so hat er doch mit dem deutschen Charakter nichts zu tun. Ich kann euch das beweisen.

Will etwa einer behaupten, der spanische Nationalcharakter sei besser als der deutsche? Will einer gar leugnen, dass Magie und Hokuspokus, Gespensterseherei und Astrologie, Pilzbrüherei und Hexentanz, Salbensiederei und Satanismus eine Volksplage waren, die Spanien seit dem tiefen Mittelalter schlimmer heimgesucht hat als Deutschland? Trotzdem ist es eine historische Tatsache, dass mit dem Hexenwahn aus Deutschland, als er sich über Frankreich verbreitete, an den Pyrenäen Schluss war. Am spanischen Charakter lag das nicht. Am Zufall noch viel weniger. Eine ganz präzise Massnahme hat Spanien den deutschen Hexenwahn erspart: Die Inquisition war an den Pyrenäen eingeschritten und hatte dem wahnsinnigen Import beizeiten ein drastisches Ende bereitet. Die wahre Inquisition. Die echte Inquisition. Ich spreche ihren Namen mit Ehrfurcht aus:

Die Heilige Spanische Inquisition.

Im Unterschied zur deutschen hat die Spanische Inquisition nie mit der klassischen Lehre der Kirche gebrochen, dass Schadenszauberei und Hexenwesen zwar bekämpft werden müssen, weil sie weitverbreitete und höchst schädliche heidnische Frevel seien, dass sie aber nicht auf einem wirklichen Pakt oder gar auf Buhlschaft mit dem Teufel beruhen, sondern auf Einbildung und Wichtigtuerei, auf Schwindel vor allem und Geschäftemacherei. Entsprechend galt auch in Deutschland jahrhundertelang der Beschluss der Kirchenversammlung von Paderborn aus dem Jahr 785, der jedem die Todesstrafe androht, der es wagt, »nach Art der Heiden« eine Frau als Hexe zu verfolgen.

Massgebend für die Spanische Inquisition blieb der Trierer Canon Episcopi aus dem Jahr 906, der, ähnlich wie die Paderborner Beschlüsse, das Hexenunwesen als schädliche Plage verurteilt, es aber in den Bereich der Blendwerke, Vorspiegelungen, Träume und Hirngespinste verweist. Vielleicht vom Satan eingegebene Hirngespinste. Doch Hirngespinste allemal. Diese Auffassung ist auch in die wichtigste Konkordanz des mittelalterlichen Kirchenrechts eingegangen, in das Dekret Gratians aus dem Jahr 1140.

Das ist die klassische katholische Lehre. Die Strassburger Inquisition hat mit ihr in unheilvoller Weise gebrochen. Sie brachte damit die Spanische Inquisition in nicht geringe Verlegenheit. Das lag weniger am Hexenhammer selber als an den wiederholten Bullen, die Heinrich Kramer in Rom erwirkt hat und die den Hexenhammer der ganzen Christenheit, insbesondere den Inquisitoren, als Leitfaden der Hexenverfolgung mit päpstlicher Autorität empfahlen.

Was tun?

Die Suprema, der Oberste Rat der Spanischen Inquisition, konnte dem Papst nicht offen widersprechen. Wie sehr sie aber entschlossen war, an der jahrhundertealten Praxis der Inquisition und an der noch älteren Tradition der Kirche festzuhalten, zeigen die schriftlich erhaltenen Weisungen, die sie 1538 dem

Inquisitor Valdeolitas erteilte, damit er einem in Navarra ausgebrochenen Hexenwahn ein Ende setze.

Keinesfalls, heisst es darin, solle der Inquisitor alles glauben, was im »Hexenhammer« stehe, denn dieser sei von einem Verfasser geschrieben, »der irren kann wie jedermann«. Insbesondere solle er auf das Geschrei nach Hexenverbrennung nicht achten, sondern, im Gegenteil, der abergläubischen Bevölkerung erklären, dass Missernten nicht von Hexen kommen, sondern vom Wetter. Wenn er überhaupt Anlass habe, Frauen wegen Hexerei zu verurteilen, dann solle es Pater Valdeolitas bei Geldbussen belassen, mit denen er wenigstens die Unkosten seiner Tätigkeit decken könne.

Als 1551 die Hysterie nach Galizien überschlug, tat der Oberste Rat der Spanischen Inquisition alles, um die von übereifrigen Behörden in grosser Zahl verhafteten und gequälten Frauen zu schützen. Schliesslich erreichte die Suprema, dass Prinz Philipp den Abbruch aller laufenden Hexenprozesse in Galizien anordnete.

1575 brach in Barcelona eine gewaltige Aufregung aus. Zwei Witwen sollten zahlreiche Kinder und Haustiere zu Tode gehext haben. Zeugen in grosser Zahl beeideten das alles, und es heisst, der Anklagestoff habe »für einen ganzen Hexensabbat gereicht«. Die Heilige Inquisition von Barcelona beeindruckte das wenig. Mit einer schlichten Randnote in den Akten erklärte sie den Prozess für »suspendiert«.

Weiter südlich, vor der Heiligen Inquisition von Murcia, erschien 1584 eine 28jährige Bauerin, klagte sich der Hexerei an und schilderte in grausigen Einzelheiten ihren jahrelangen Pornoverkehr mit dem Teufel. Die Padres Inquisidores hörten ihr mit endloser Geduld und Güte zu. Dann schickten sie die Frau nach Hause. Zurück zur ehelichen Pflicht und Arbeit auf ihrem Bauernhof. Statt zu gehorchen, lief die Frau weiter zur Heiligen Inquisition von Toledo. Als »nicht verfolgenswert« wurde der Fall dort endgültig zu den Akten gelegt. In Deutschland wäre das bedauernswerte Weib mit Sicherheit verbrannt worden. In Toledo aber hat nach diesem Vorfall nicht mehr ein einziges Verfahren wegen Hexerei stattgefunden.

Gar nicht erst hinhören, auf jeden Fall hinhalten, die Spinnerinnen und Spinner ausnüchtern, die Leichtgläubigen belehren, die Ängstlichen besänftigen und all den Unsinn zu den Akten legen, die Akten dann nach Madrid holen und dort einkellern, das war viele Jahre lang die erklärte Praxis der Spanischen Inquisition bei Hexenprozessen. Doch dann kam die Zeit des grossen Hexenbrennens in Deutschland. Und nun wurde es auch in den Pyrenäen ernst.

Erneut in Navarra brach 1610 ein Hexenwahn aus, der die gesamte Provinz in solche Panik versetzte, dass überall in den Dörfern die Eltern ihre Kinder nachts in Kirchen einschlossen, damit sie nicht wegflögen zum Hexensabbat. Auf dem Höhepunkt der Hysterie verlor dann sogar die Heilige Inquisition von Logroño den Kopf. Am 7. November veranstaltete sie eine feierliche Hexenverbrennung, zu der sie sogar den König von Spanien einlud. In der Tat nahm das Autodafé die Ausmasse eines Staatsaktes an. Zwei Tage lang wurden dem hingerissen lauschenden Volk die Verbrechen der verurteilten Hexen verkündet. Und es waren diesmal nicht nur die üblichen satanischen Orgien auf dem Hexensabbat. Auf allen Friedhöfen von Navarra hatten diese Hexen, neu und unerhört, nächtens Leichen ausgegraben und dann auf dem Höhepunkt des Sabbats gierig verschmaust. Das Protokoll hält das Geständnis der Hexen fest, dass Männerleichen ungleich besser schmecken als Frauenleichen. Das verweste Fleisch gestorbener Väter hätten sie gar, als Leckerbissen, den zum Sabbat eingeflogenen Kindern serviert. Andern Kindern hätten sie das Blut ausgesogen, Schwestern hätten gegenseitig ihre Säuglinge umgebracht. Undsoweiter, zwei Tage und zwei Nächte lang. Wegen der Überfülle der protokollierten Frevel musste die öffentliche Verlesung abgekürzt werden. Danach wurden die elf Hexen feierlich verbrannt.

Gottseidank war der König, der ursprünglich zugesagt hatte, im letzten Augenblick »durch Staatsgeschäfte« verhindert, dem hysterischen Spektakel in Navarra die Weihe seiner Teilnahme zu verleihen. Es darf getrost angenommen werden, dass ihm die Suprema einen Wink gegeben hat. Denn der Oberste Rat der Spanischen Inquisition war durch die Vorgänge in Navarra aufs höchste alarmiert. Unverzüglich schickte er einen besonders erfahrenen und ortskundigen Inquisitor, Alonso de Salazar Frias, als Sondergesandten zur Berichterstattung nach Logroño.

Der Bericht von Pater Salazar zu Handen der Suprema umfasst fünftausend Folioseiten und ist eines der staunenswertesten Dokumente aus der Geschichte der Heiligen Inquisition. Unter anderem verhörte Pater Salazar 1384 Kinder von 12 bis 14 Jahren, die sich selbst bezichtigt hatten, auf dem Hexensabbat an den unglaublichsten Orgien mit dem Satan teilgenommen zu haben. Als diese Verhöre begannen, glaubte Pater Salazar selber durchaus noch an die Wirklichkeit des Hexensabbats. Doch je länger er dem pornographischen Kindermund zuhörte, desto mehr wuchsen in dem Inquisitor die Zweifel der erwachsenen Vernunft. Und es kam ihm ein Gedanke. Zumindest bei den jungen Mädchen müsste doch empirisch diagnostizierbar sein, ob die ungeheuren Lüsternheiten, die der Satan mit seinem gewaltigen Glied in ihrem Schoss vollbracht hatte, wirklich stattgefunden hatten. Und er liess einen erfahrenen Arzt kommen.

Medizinischer Befund, von der Heiligen Inquisition im Protokoll festgehalten: Die vielen hundert Mädchen, die behauptet hatten, der Satan persönlich sei mit seinem höllisch grossen Penis in ihre Scheide gefahren, waren allesamt, ohne jede Ausnahme, »jungfräulich unberührt«.

Und die unzähligen Zeugen, die die verbrannten Hexen angezeigt und ihre Verbrechen unter Eid geschildert hatten? Nachdem er insgesamt 1672 Meineide aufgedeckt hatte, zog Inquisitor Salazar zu handen der Suprema in Madrid wörtlich folgenden Schluss:

»Bedenke ich das vorab Gesagte mit der ganzen christlichen Aufmerksamkeit, deren ich fähig bin, so habe ich nicht einmal Anzeichen gefunden, aus denen sich das Vorkommen einer einzigen Hexentat ergeben würde, sei es ein Sabbatflug, das Verweilen beim Sabbat, ein Bosheits-Zauber oder sonst eine der angeblichen Tatsachen.«

Also durchgreifen? Die Lügner, die Verleumder, die falschen Zeugen bestrafen? Die überraschende Antwort des Sondergesandten der Suprema lautet nein: »Bei dem krankhaften Geisteszustand der Menschen hier wäre jedes Aufrühren der Sache nur schädlich und würde das Übel noch verschlimmern. Vielmehr tut Stillschweigen und Zurückhaltung not. Ich leite das aus der Erfahrung ab, dass es weder Hexen noch Verhexte gegeben hat, solange noch nicht darüber geredet und geschrieben wurde.«

Mit dem neuen Massenmedium Buch hatte der deutsche Inquisitor Heinrich Kramer den Hexenwahn in Deutschland entfesselt. Konsequent empfahl der spanische Inquisitor Alonso de Salazar Frias dem Obersten Rat der Spanischen Inquisition, die Hysterie in den spanischen Grenzlanden mit Nichtbeachtung zu strafen und sie dadurch auszulöschen.

Die Wirkung dieses Inquisitionsberichts war überwältigend. Am 31. August 1614 erliess die Suprema 32 Anordnungen für die Bekämpfung des Hexenwahns, in denen sich, weitgehend wörtlich, alle Empfehlungen von Pater Salazar wiederfinden. Ohne einstimmigen Gerichtsbeschluss und ohne die ausdrückliche Genehmigung durch die Suprema darf in Spanien künftig kein Hexenprozess mehr stattfinden. Noch schwebende Prozesse sind ohne nachteilige Folgen für die Angeklagten einzustellen. Spaniens Prediger erhalten die Anweisung, bei Missernten und Krankheit den Gläubigen klarzumachen, dass dies vom Wetter komme, manchmal auch, als Strafe für Sünden, von Gott, aber keineswegs von den Hexen. Die Priester dürfen jenen Frauen, die als Hexen verrufen sind, die Sakramente nicht vorenthalten. Die Beichtväter werden verpflichtet, Verleumder zur Selbstanzeige bei der Heiligen Inquisition zu veranlassen. Was die übereifrigen Kommissare in den Pyrenäen betrifft, so sind sie einzeln vor die Inquisition zu laden und zu belehren, dass die Suprema »Gram und gerechten Zorn« über die behördlichen Gewalttaten gegen die der Hexerei beschuldigten Frauen empfinde. Zugleich sind die in Navarra als Hexen verbrannten Frauen in ihrer Ehre zu rehabilitieren, beschlagnahmte Güter den Erben zurückzuerstatten.

Henry Kamen, der beste englische Hispanist der Gegenwart – kein Freund der Heiligen Inquisition –, feiert Pater Salazars Bericht an die Suprema als ein »Denkmal für den Sieg der Vernunft über den Aberglauben«. »Die Inquisition«, schreibt er weiter, »darf sich mit Recht zugute halten lassen, dass sie in Spanien einen Aberglauben energisch ausgelöscht hat, der in anderen Ländern mehr Opfer forderte als jede andere Welle von religiösem Fanatismus.«

Es liegt nahe, den Bericht des spanischen Inquisitors Alonso de Salazar Frias mit der »Cautio criminalis« zu vergleichen, jenem Buch, durch das es dem deutschen Jesuiten Friedrich Spee – allzu spät – gelungen ist, dem Hexenwahn in Deutschland ein Ende zu setzen. Doch der Vergleich trägt nicht weit. Friedrich Spee war ein Einzelkämpfer, ein Partisan mit unerhörter persönlicher Courage. Steht doch in Heinrich Kramers »Hexenhammer«, wenn einer die Wirklichkeit der Hexerei leugne, sei er selber der »maxima hairesis« schuldig, der »allergrössten Ketzerei«, und gehöre somit noch vor den Hexen selber auf den Scheiterhaufen. Um zu überleben, hat Spee sein Buch anonym, auf verschlagenen Wegen, über einen protestantischen Verlag an die deutsche Öffentlichkeit getragen. Rückhalt hatte Spee keinen, schon gar nicht im Jesuitenorden.

Wieviel leichter hatte es Pater Salazar in Spanien. Von vornherein hatte er die Rückendeckung durch die fast allmächtige Suprema. Die Spanische Inquisition stand ja in ihrer Blüte. Politisch gesichert, mit königlichen Befugnissen ausgestattet, war sie herangewachsen zu einer der mächtigsten Institutionen der Religionsgeschichte. Von Madrid bis Mexiko, von Mexiko bis Manila beherrschte sie die halbe Welt. Souverän war die Spanische Inquisition, gelassen, selbstsicher. Souverän, gelassen, selbstsicher konnte somit auch Pater Salazar sein. Zweifellos war er eine integre und aufgeklärte Person; doch diese Person war geschützt und getragen von einer integren und aufgeklärten Institution. Von der Heiligen Spanischen Inquisition.

Ganz anders in Deutschland. Friedrich Spee mag ein Held der Aufklärung gewesen sein, Heinrich Kramer ein Schurke der Dunkelmännerei. Doch in einem Punkte sind sie sich gleich: Der deutsche Held und der deutsche Schurke waren beide von ihren Institutionen im Stich gelassen.

Während die spanische Inquisition nicht nur Status, Prestige und Macht gewann, sondern auch – heute kaum noch vorstellbar – im spanischen Volk höchst beliebt war, siechte die deutsche Inquisition seit Jahrhunderten dahin in allgemeiner Verachtung und in Machtlosigkeit. So ist der deutsche Inquisitor Kramer der Versuchung erlegen, sich anzubiedern in der Niederwelt des ekelhaftesten Aberglaubens. Der spanische Inquisitor Salazar konnte einer solchen Versuchung nicht erliegen. Sie trat ja gar nicht an ihn heran. So unangefochten war die Spanische Inquisition in ihrem Selbstverständnis und in ihrer Macht, dass sie es sich leisten konnte, gegen alle päpstlichen Bullen festzuhalten an der aufgeklärten Tradition der Kirche und an der ebenso aufgeklärten »Practica« der Inquisition von Toulouse.

Reinhold Schneider hat einmal davor gewarnt, das Wörtlein »tragisch« unbedacht zu verwenden. So tue ich vielleicht gut, das weitere Schicksal der deutschen Inquisition nicht als tragisch zu bezeichnen. Eher war es tragikomisch.

Als Heinrich Kramer die Deutschen medienwirksam in den Hexenwahn hetzte, verfolgte er ja einen eindeutigen Zweck. Er wollte, indem er die Hexen zur ketzerischen Sekte erklärte, der deutschen Inquisition ein neues enormes Tätigkeitsgebiet erschliessen. Mit dem entsprechenden enormen Prestige in der deutschen Bevölkerung.

Der Erfolg war kolossal. Das Fiasko aber auch.

Der Grossinquisitor stockt.

Es gibt nämlich noch einen andern Unterschied zwischen Deutschland und Spanien. Und es gibt in Deutschland noch einen andern Wahn.

Der Grossinquisitor stockt erneut. Er wirkt verlegen.

Wahrlichwahrlich, ich sage euch: Der Hexenwahn ist schlimm. Aber schlimmer noch ist es, wenn einer sich einbildet, er sei der Grossinquisitor.

Fassungslosigkeit im Publikum.

Ich will euch sagen, was ich meine: Spanien hatte *einen* König. Deutschland aber hatte *dreihundert* Landesfürsten. Und wie denn jetzt, von der Strassburger Inquisition verhetzt, das deutsche Volk dem Hexenwahn verfällt, verfallen Deutschlands dreihundert Herren einem noch viel schlimmeren Wahn: Jeder will sein eigener Grossinquisitor sein. Und so bastelt sich jeder seine hauseigene Hexenverfolgung.

Wenn beispielsweise in den »Gesta Trevirorum« von »Inquisitoren« die Rede ist, die frauenmordend übers Land ziehen, dann ist das keineswegs die Päpstliche, also die offizielle, vom Papst für Deutschland eingesetzte Inquisition. Die Berufsbezeichnung ist ja leider in Deutschland nicht geschützt. Im Grunde kann sich jeder Deutsche Inquisitor nennen. Viele tun es. Meist sind es irgendwelche städtischen oder bischöflichen Beamten, die sich im Verein mit dem örtlichen Henker die Befugnisse der Inquisition anmassen. Päpstlich bestellt, wie es sich für die Heilige Inquisition gehört, ist keiner. Und da es keine Suprema gibt, erst recht keinen Grossinquisitor, fehlt in der deutschen Hexenverfolgung jede Aufsicht. Es fehlt jede Kontrolle über die Verfolger.

Vielerorts ist die Hexenjagd sogar in höchst moderner Weise outgesourct. Das heisst: Mit der Verfolgung beauftragt werden selbsternannte, freiberuflich herumschweifende »Hexen-Inquisitoren« oder »Hexen-Kommissare«, die statt eines festen Gehalts für jede überführte Hexe eine Kopfprämie kriegen.

Es bessert sich auch nichts, als halb Deutschland protestantisch wird. Hexenhämmerer Heinrich Kramer hat nämlich einen wortgewaltigen Collega. In seiner Hexen-Predigt vom 6. Mai 1526 hat Martin Luther es den deutschen Protestanten fünfmal hintereinander eingehämmert:

»Sie sind zu töten!« – »Sie sind zu töten!« – »Sie sind zu töten!« – »Sie sind zu töten!« – »Sie sind zu töten!«

Während Katholiken und Protestanten einander in allen andern Dingen an die Gurgel fahren, herrscht in der Hexenverfolgung ökumenische Harmonie. Dieselben Protestanten nämlich, welche die Spanische Inquisition verteufeln, als wäre sie eine Ausgeburt der Hölle, halten sich bei der Hexenverfolgung so genau an das Handbuch des Strassburger Inquisitors, als wär's – ich sag's jetzt mal evangelisch – das reine Evangelium. Nicht nur in Deutschland, in ganz Nordeuropa ist das so.

Dass sie sich an den »Hexenhammer« halten, heisst aber nicht, dass sie die Dominikaner aus Strassburg oder aus Köln holen. Evangelische Landesfürsten sind besonders souverän. Und sie sind besonders evangelisch. Ihre Hexenverfolgung muss eine rein protestantische Verfolgung sein.

Man mag es als stupenden Erfolg bezeichnen, dass es der Strassburger Inquisition gelungen ist, ein ganzes Volk in die Hexenhysterie zu treiben. Doch ebenso gross ist ihr Fiasko: Sie selber hat nämlich weiterhin nichts zu bestimmen. Weiterhin bekommt sie nichts zu tun. Ihr grausiger Medien-Hype zahlt sich, für sie selber, durch keinerlei tatsächlichen Machtgewinn aus. Anders als in Spanien bleibt die Heilige Inquisition in Deutschland, was sie seit Konrad von Marburgs Tagen war: abgeschoben in die Arbeitslosigkeit. So schlecht bleibt ihr Prestige, so gering ihre Macht, dass sie im grossen Glaubensstreit der Reformation gar keine Rolle spielen wird.

So wäre es mir denn ein Leichtes, mich aus diesem düstersten Kapitel der Inquisitionsgeschichte zu verabschieden mit einem Achselzucken des unbeteiligten Bedauerns. In der Gesamtgeschichte der Heiligen Inquisition war ja die deutsche Inquisition nie von Gewicht. Verglichen mit dem herrlich erblühenden Baum der Spanischen Inquisition blieb sie stets ein kleines, elend verkrüppeltes Gestrüpp. Nie hat es einen deutschen Grossinquisitor gegeben. Dies ist die eigentliche Pathologie der deutschen Inquisition: dass sie nie eine ordentliche Struktur und eine entsprechende interne Kontrolle entwickelt hat. Nur so konnte sie zu jenem abenteuerlichen Ort werden, in dem kranke und verbrecherische Individuen sich ungehemmt selbstverwirklichen konnten. Was schuld ist an dieser verheerenden Fehlentwicklung, liegt im historischen Vergleich mit Spanien auf der Hand:

Der deutschen Inquisition hat ein Grossinquisitor gefehlt.

Die Schuld eines Konrad von Marburg, eines Heinrich Kramer ist meine Schuld nicht. Und da ich vor einem deutschen Publikum spreche, könnte ich triumphierend hinzufügen: So etwas wie Kollektivschuld gibt es überhaupt nicht. Nicht für die deutsche Nation. Auch nicht für die Heilige Inquisition.

Gibt es sie wirklich nicht? Lass nur das allzu moderne Wörtlein »kollektiv« weg. Sagt »gemeinsame Schuld«, und es wird euch klar: Die ganze Heilsgeschichte ist, seit Adam und Eva, eine Geschichte gemeinsamer Schuld. So auch die Verbrechen eines Konrad von Marburg oder eines Heinrich Kramer. Ich habe sie nicht begangen, ich habe sie nicht angeordnet, ich konnte sie nicht verhindern. Ich war überhaupt nicht dabei. Und doch belasten die schweren Sünden, die andere im Namen der Heiligen

Inquisition auf sich geladen haben, mein, des Grossinquisitors Gewissen mit.

Manchmal, in schlaflosen Nächten, blättere ich in der »Cautio criminalis«. Die schonungslosen Bilder, mit denen Friedrich Spee die Verbrechen der »Hexen-Inquisitoren« schildert, wollen mir nicht aus dem Sinn.

O die Qualen unschuldiger Frauen im »Spanischen Stiefel«! O die Qualen unschuldiger Frauen auf dem »Hexenstuhl«! O die Qualen unschuldiger Frauen auf dem »Gespickten Hasen«! »Ich selber«, schreibt der deutsche Jesuit, »könnte solche Misshandlungen so wenig ertragen, dass ich mich sicher gleich von Anfang jedes Verbrechens bezichtigen würde und lieber den Tod hinnehmen würde als solche Qualen. Was soll man da von dem schwachen Geschöpf des Weibes erwarten?«

Ist da nicht der allerschlimmste Frevel, dass einer von uns einer Frau ein Leids antut? Einer Frau, diesem Urbild göttlicher Unschuld und Güte?

Ist nicht der grösste Grossinquisitor – ja, ich bekenne es – einstmals klein und hässlich hervorgekrochen aus dem wunderbar grossen Schoss einer Frau? Hat nicht Papst Johannes Paul I. prophetisch bekannt: »Gott ist unser Vater, ja mehr noch: Er ist unsere Mutter«? Lehrt uns nicht die feministische Theologie, dass die Urgemeinde zu Jerusalem, ja dass die Apostel selber Maria Magdalena hoch über allen Männern verehrt haben als die grosse, gewaltige Apostola apostolorum? Hat sich nicht auch unser aller Mutter, die katholische Kirche, allezeit als urweibliche Lehrerin verstanden– als »Mater et magistra« der Völker?

Ist es nicht eine historische Tatsache, dass der Orden des heiligen Dominikus seine frühe Blüte in einem beispielhaft schönen Aufeinanderzugehen von Frauen und Inquisitoren erlebt hat? Dass dennoch der Aufruf zur Hexenverfolgung ausgerechnet von einem Dominikaner kommen konnte, von einem Inquisitor gar, dies ist ein unfassbares Verbrechen. Wer kann es erklären?

In jenen schlaflosen Nächten tritt manchmal auch an mich der teuflische Versucher heran. Mit einer teuflisch einfachen Erklärung: Zehn Nonnen auf einen Mönch im Dominikanerorden! Ganz besonders um die rheinischen Dominikaner, von Konstanz über Kolmar und Strassburg bis nach Köln, ein unabsehbares Gewimmel von Frauen. Nonnen, nichts als Nonnen. Um die paar Mönche Nonnen ohne Zahl. War vielleicht der deutsche Dominikaner Heinrich Kramer von selbstverwirklichten deutschen Frauen so umstellt, ja regelrecht umzingelt, dass er, jetzt mal psychoanalytisch gesehen, seinen »Hexenhammer« – beachtet das Wort »Hammer«! – als Befreiungsschlag geschwungen hat, als verzweifelten Versuch, mitten in der »evangelischen Frauenbewegung« einen Rest von männlicher Identität zu wahren?

Mysterium iniquitatis! Geheimnis der Bosheit!

Jetzt ein Blick in die Bibel, Apokalypse Johannis, Kapitel 12: Wenn einer von uns – aus welchen Motiven auch immer – dieses äusserste Verbrechen begangen hat, das weibliche Geschlecht zu lästern, ja zu quälen, muss er da nicht zittern, dass jenes allmächtige Weib der Apokalypse, das, mit der Sonne bekleidet, Johannes auf Patmos erschien, zürnend auf ihn herabfährt im Jüngsten Gericht?

Der Grossinquisitor bebt.

So lasst mich denn, stellvertretend für meinen gefallenen Bruder, den Ketzermeister Konrad, stellvertretend für meinen gefallenen Bruder, den Hexenhämmerer Heinrich und – ja, auch für ihn – in ökumenischer Stellvertretung für meinen besonders tief gefallenen Bruder Martin Luther …

In diesem Augenblick geschieht, was niemand geahnt hat, am wenigsten wohl er selbst: Mit versagender Stimme sinkt der Grossinquisitor nieder auf beide Knie. Ungeheure Ergriffenheit im Publikum. Von den Älteren fühlen sich viele an Willy Brandt erinnert.

Wie lange der Grossinquisitor so verharrt? Manchen erscheint es wie eine Ewigkeit. Endlich findet er die Stimme wieder:

In brüderlicher Stellvertretung für jene drei Kollegen, die so tief gefallen sind, bitte ich alle Frauen dieser Welt, Katholikinnen und Ketzerinnen, kniefällig um Vergebung.

Und wieder geschieht etwas gänzlich Unvorhergesehenes. Im Publikum haben sich drei Frauen erhoben. Es sind die drei grossen Perfekten des 21. Jahrhunderts: die Perfecta Renate Künast, die Perfecta Alice Schwarzer und die Perfecta Margot Käßmann. Langsam, zu dritt, schreiten die drei perfekten Frauen nach vorn. Tröstlich legt Renate Künast ihre Hand auf die Schulter des Grossinquisitors. Tröstlich fährt ihm Alice Schwarzer über die Wange. Und tröstlich schwingt Margot Käßmann ihr ketzerisches Bischöfinnenkreuz über sein männlich gesenktes Haupt:

»Ego te absolvo.«

Hunderte von Photographen sind nach vorn gestürzt, um das global religious event für die Medien festzuhalten. Hunderte von Bloggern bloggen es hinaus in alle Welt:

Frauenbewegung und Inquisition. Inquisition und Frauenbewegung. Was ursprünglich zusammengehörte, hat wieder zusammengefunden: Heilige Frauenbewegung und Heilige Inquisition.

Mühsam sich einen Weg durch die Reporter und Photographen bahnend, tritt der Grossinquisitor ab.

3. Rede des Grossinquisitors

Die Heilige Inquisition war effizient.

Der Grossinquisitor tritt auf und spricht:

»Gloria de España« hat Cervantes die Stadt Toledo genannt, »Ruhm Spaniens und Leuchte seiner Städte«. Und nie hat Toledos Licht alle andern Städte Spaniens so hell überstrahlt wie im Jahr 1557. Noch war Toledo, nicht Madrid, die Hauptstadt jenes Reiches, in dem die Sonne niemals unterging. Vor allen Dingen war Toledo der religiöse Mittelpunkt des spanischen Weltreichs. Primas von Spanien war der Erzbischof von Toledo. Mächtiger als er war in der katholischen Kirche höchstens der Papst selbst. Wenn er denn mächtiger war. Und wie viele Erzbischöfe von Toledo sind zugleich Grossinquisitoren gewesen! Dies war das spanische Rom. Von Toledo aus herrschte die Heilige Spanische Inquisition so souverän wie der König von Spanien. Sie beherrschte die halbe Welt.

In eben diesem Jahr 1557 geschah das Unfassbare. Eines frühen Morgens flatterten auf allen Strassen und Plätzen von Toledo ketzerische Flugblätter herum: »Lutheranische Pamphlete«. Voller Hass gegen den Papst. Voller Hohn gegen den Erzbischof von Toledo. Voll unaussprechlicher Schmähungen gegen das Santísimo Sacramento del Altar. Protestantische Pamphlete, frisch gedruckt, mitten in Toledo!

Die Aufregung in der Stadt war unbeschreiblich. Die einen liefen zum Erzbischöflichen Palast, die andern liefen zum Dominikanerkloster. Wie aus einem Munde riefen alle nach der Heiligen Inquisition.

Und dann die niederschmetternde Erkenntnis: In ganz Toledo war kein Inquisitor zu finden. Nicht einmal ein Alguazil, ein

Büttel der Heiligen Inquisition. Es war ganz einfach niemand von uns da. Die Kapitale eines katholischen Weltreichs und einer allmächtigen Inquisition, das heilige Toledo, war ausgerechnet an diesem ketzerischen Morgen eine, wie soll ich sagen, inquisitionsfreie Zone.

Unbegreifliche Schlamperei? Nein, geniale Organisation! Spanische Organisation! Organisation Torquemada!

Schaudern im Publikum.

Ja, ich sehe, wie ihr bei diesem Namen alle zusammenschaudert. Für dieses Schaudern habe ich sogar ein gewisses Verständnis. Mein Kollege Thomas de Torquemada war ein treuer Diener der Katholischen Könige Ferdinand und Isabella. Vielleicht ein allzu treuer Diener. Dass er im Jahr 1482 die gute Alte Spanische Inquisition aus einer harmlosen kirchlichen Institution umfunktioniert hat in ein Instrument staatlicher Unterdrückung von Juden und Mauren, dies wird inzwischen auch bei uns, in der Heiligen Inquisition selber, sehr kritisch und offen diskutiert. Mehr möchte ich in der Öffentlichkeit über den Kollegen Torquemada nicht sagen. Nicht mehr als dies:

Was ihr Torquemada schuldet, ist nicht Schaudern, sondern Bewunderung. Aus gutem Grund ist jener neue Abschnitt der Spanischen Inquisition, der 1482 mit Torquemada beginnt, bei uns, in der Heiligen Inquisition, ja überhaupt in der klassischen katholischen Geschichtsschreibung, stets als die »Inquisitio moderna« bezeichnet worden. Der spanische Dominikaner war ein Reformer von atemberaubender Modernität.

Thomas de Torquemada, kein anderer, ist der Erfinder des lean management. Er ist der Erfinder der Personalverschlankung. Wovon alle deutschen Manager heute nur reden, Torquemada hat es getan. Ihm, dem ersten spanischen Grossinquisitor, verdankt die Inquisitio moderna ihr geniales Erfolgsprinzip:

Je weniger Personal, desto mehr Effizienz!

Zehn Full-time-Officials pro Inquisitor, mehr hat ein Torquemada nicht geduldet. Zu diesen zehn gehörten – am wichtigsten in jener Zeit – mehrere Schreiber, dann der »Alguazil«, das heisst der Büttel, der Ketzer verhaftet, ferner der Bote und der Pförtner. Zehn vollbeschäftigte Beamte insgesamt.

Mehr nicht?

Mehr nicht. Doch, immerhin, zehn Teilzeitkräfte kommen noch dazu. Neben dem Arzt und dem Kaplan gehört zu den Teilzeitkräften, höchst überraschend, auch der Kassierer. Wäre es nicht besser gewesen, wenigstens dem Kassierer eine volle Stelle zu geben? Darüber wollen wir uns den Kopf später zerbrechen.

Noch sind wir im Jahr 1557 und bei der Frage, warum an jenem ketzerischen Morgen in ganz Toledo kein Inquisitor aufzutreiben war, ja nicht einmal der Büttel der Heiligen Inquisition. Den französischen Historiker Jean-Pierre Dedieu hat dies so verblüfft, dass er den gesamten Personalbestand der Spanischen Inquisition für diese Zeit errechnet hat. Bei insgesamt zwanzig Inquisitionsdistrikten kommt er für das gesamte Weltreich – Spanien und Amerika – auf einen Gesamtpersonalbestand von 600 Beamten, davon die Hälfte nur in Teilzeitbeschäftigung.

Nur die Hälfte? Auch die vollbeschäftigten Mitarbeiter der Heiligen Inquisition waren lediglich verpflichtet zu drei Stunden Anwesenheit vormittags und drei Stunden nachmittags. Überdies bestand ein Drittel des Jahres aus arbeitsfreien Feiertagen. Hinzu kamen im Jahr, je nach Distrikt, zehn bis zwanzig Tage Urlaub. In der gesamten Geschichte der Arbeiterklasse hat es wohl nie, was die Arbeitszeit betrifft, einen sozialeren Arbeitgeber gegeben als die Heilige Inquisition.

Es entspricht den besten Traditionen französischer Geschichtsschreibung, dass Dedieu seine eingehenden Untersuchungen mit einer vorsichtigen Schätzzahl abschliesst: »etwa sechshundert« festangestellte Mitarbeiter habe die Heilige Inquisition beschäftigt. Der Amerikaner Henry Lea kennt so viel Bescheidenheit nicht. Für das Jahr 1746 legt er eine exakte Tabelle vor. Damit ihr euch selber ein Bild davon machen könnt, habe ich mein Flipchart mitgebracht.

Der Grossinquisitor fuchtelt auf seinem Flipchart herum.

Tut's wieder mal nicht so recht, mein Flipchart. Aber ich hoffe, ihr habt es gesehen. Für 16 Distrikte – Spanien mit den Kanaren und den Balearen, jedoch ohne Amerika – registriert Lea, die Inquisitoren selber inbegriffen, 951 Beamte.

Ein etwas schärferer Blick auf mein Flipchart bestätigt allerdings die historische Erfahrung, dass Schätzungen verlässlicher sind als genaue Zahlen. Zu seinen 951 »Beamten« der Heiligen Spanischen Inquisition zählt Lea, unter anderen wenig profilierten Figuren, wahrhaftig auch die Friseure der Heiligen Inquisition.

Mit oder ohne Friseure – nach meiner persönlichen Erinnerung dürften die zwei ungleichen Rechenergebnisse beide stimmen. In Leas Bezugsjahr 1746 war ja die Spanische Inquisition nur noch ein Schatten ihrer selbst. Zum Niedergang gehört aber immer die Aufblähung des Personals. Zu dieser Aufblähung beigetragen hat unsere finanzielle Not in jenen späten Jahren. Um den Bankrott abzuwenden, waren wir gezwungen, die meisten unserer Beamtenstellen öffentlich zu versteigern. Da es nie an Leuten mangelt, die sich zur Arbeit bei der Heiligen Inquisition um jeden Preis drängen, brachte uns das erklecklich viel Geld. Je mehr Stellen, desto mehr Geld.

Dedieus Zahlen stimmen aber ebenfalls. 300 Vollbeschäftigte und 300 Teilbeschäftigte für das gesamte spanische Weltreich, das war unser Personalbestand im Jahr unserer Macht und Glorie 1557. Dass keiner von uns zur Stelle war, als ein Lutheraner in Toledo frech Pamphlete verteilte, hat jedoch noch einen weiteren Grund. Unser Prinzip war es, Ketzereien an Ort und Stelle nachzugehen. So waren die spanischen Inquisitionstribunale fast immer auf Reisen durch ihre weitläufigen Distrikte. Unsere ganz bewusst winzigklein gehaltenen Trüppchen waren so flexibel und mobil, dass gar nicht immer einer von uns in Toledo sein konnte.

Wie es denn möglich gewesen sei, werde ich oft gefragt, mit 300 Vollbeschäftigten und 300 Teilbeschäftigten den halben Globus in Angst und Schrecken zu versetzen?

Das ist eine Frage von antiklerikaler Ahnungslosigkeit. Wir selber haben sie uns, in katholischen Zeiten, nie gestellt. Bedenkt doch, dass der Vatikan noch unter den Pius-Päpsten, das heisst bis über den 2. Weltkrieg hinaus, mit knapp 300 Beamten die gesamte Weltkirche fest im Griff hatte. Danach sind es – durch die »Konzilsreformen« – mehr als 3000 Beamte im Vatikan geworden. Und die haben die Weltkirche, weiss Gott, nicht mehr im Griff. Sie können sie gar nicht im Griff haben. Fast gleichviel Beamte wie der Vatikan beschäftigt ja auch das deutsche Bundesamt für Verfassungsschutz in Köln. Beschäftigt sie voll. Und hat überhaupt nichts im Griff. Es kann gar nichts im Griff haben, das Bundesamt für Verfassungsschutz in Köln. Es kennt ja nicht das Prinzip Torquemada:

Je weniger Personal, desto mehr Effizienz!

Es ist jetzt wichtig zu wissen, dass die Alte Spanische Inquisition im Wesentlichen eine Kopie der Inquisition von Toulouse war. Es spricht für Torquemadas überragende Intelligenz, dass er die beiden wichtigsten Prinzipien, welche die Inquisition von Toulouse zur fortschrittlichsten Institution ihrer Zeit gemacht hatten, in die Moderne Inquisition übernahm: Demokratie und gleiches Recht für alle.

Nur keine Alleinherrschaft! Wozu das führen konnte, das hatten wir bitter lernen müssen aus der verheerenden Fehlentwicklung der deutschen Inquisition unter Konrad von Marburg. Vielmehr an der Spitze jedes der zwanzig spanischen und amerikanischen Distrikte zwei, manchmal auch drei Inquisitoren, die alle Entscheidungen zusammen trafen. Einträchtig. Kollegial. Demokratisch.

Teamarbeit auf allen Stufen. Vor allem aber ganz oben.

Ganz oben in der Modernen Inquisition amtete die Suprema. Die Mitgliederzahl dieses Obersten Rates hat stark geschwankt: zwischen einem halben und einem vollen Dutzend. Eins aber ist sich unverändert gleich geblieben: Alle Entscheidungen wurden in der Suprema stets demokratisch gefällt, das heisst es wurde abgestimmt und die einfache Mehrheit entschied. Meistens erst nach langer, ganz offener und kritischer Diskussion. Natürlich gehörte der Grossinquisitor der Suprema an. Er besass eine gewisse moralische Autorität. Kam es aber zur Entscheidung, so hatte er, wie alle andern, nur eine Stimme. Zu bösen Streitereien hat das durch all die Jahrhunderte nie geführt. Auch wenn es oft vorkam, dass der Grossinquisitor zur Minderheit gehörte. Als guter Demokrat habe ich mich dann, selbstverständlich, gefügt.

Gleiches Recht für alle, ohne Ansehen der Person, das war das zweite Prinzip, mit dem die Inquisition von Toulouse Europa den Weg aus mittelalterlicher Korruption und Klüngelwirtschaft in eine neue Gerichtsbarkeit gewiesen hat. Die Spanische Inquisition hat dieses fortschrittliche Prinzip nicht nur übernommen, sondern weiterentwickelt, ja derart auf die Spitze getrieben, dass ich es, vielleicht noch vor dem lean management, als das eigentliche Geheimnis ihrer epochalen Herrschaft bezeichnen möchte.

Es war am 22. August 1559. Torrelaguna, ein winziges Nest in der Sierra Norte de Madrid, schlummerte im Frieden des Herrn. Da, im ersten Morgenlicht, klopfte es ans Tor der dörflichen Absteige. Laut erklang der Ruf, der die Torrelagunerinnen und Torrelaguner allesamt, noch im Bett, vor Entsetzen erstarren liess:

»Aufmachen für das Heilige Amt!« Aufmachen für die Heilige Inquisition!

Jetzt im Innern des Hauses, an der Schlafzimmertür, ein zweites Mal, noch lauter: »Aufmachen für das Heilige Amt!«

Als die Diener öffneten, hatte der Reisende, dem der Befehl galt, den Vorhang seines Lagers schon zurückgeschlagen. Im Morgenrock sass er auf der Kante seines Bettes: Bartolomé de Carranza, Erzbischof von Toledo.

Eintraten jetzt die beiden Inquisitoren Diego Ramírez und Rodrigo Castro, an ihrer Seite Joan Cebrian. Das war der Oberste Alquazil der Suprema. Er verlas den Haftbefehl.

Verhaftet der mächtigste Kirchenfürst von Spanien und, nächst dem Papst, der weitaus mächtigste Bischof Europas und Amerikas. Der Erzbischof von Toledo verhaftet! Verhaftet von der Heiligen Inquisition unter dem dringenden Verdacht der Ketzerei.

Sein Gepäck und seine Akten, wie auch sein gesamtes Eigentum, wurden beschlagnahmt, sein Personal entlassen. Nebst dem Koch und dem Hausmeister durfte er allerdings den Maultiertreiber behalten.

Unerträglich, heisst es, sei die sommerliche Hitze gewesen, als der Erzbischof von Toledo auf seinem Maultier, links und rechts eskortiert von den beiden Inquisitoren Castro und Ramírez, nach Valladolid getrieben wurde. In der Dunkelheit kamen sie dort an. In einem verschwiegenen Haus der Vorstadt San Pedro ausserhalb der Mauern schloss die Heilige Inquisition ihren erlauchten Gefangenen ein. Zwei Diener durfte er sich auswählen: den Mönch Alonso de Utrilla und den Pagen Carrascosa. Jeglicher Verkehr mit Nachbarn war ihm untersagt. Ebenso der Kirchgang und, besonders hart, der Empfang der Sakramente. Nicht eigentlich ein Kerker also, eher Hausarrest, doch mit der strengen Weisung, niemals auch nur die Fensterläden zu öffnen.

So, schreibt Lea, verschwand Spaniens mächtigster Bischof, »aus dem Gesichtskreis der Menschen, als habe ihn die Erde verschluckt«.

Unsinn! Barer Unsinn, wie ihn nur ein Amerikaner schreiben kann, der sich als grösster Inquisitionshistoriker aller Zeiten gebärdet, ohne jemals in Spanien oder überhaupt nur in Europa gewesen zu sein. Natürlich erfuhr ganz Spanien alles. Im Detail. Ohne Telephon und ohne Internet. In Windeseile. Doch gerade deshalb herrschte in der Öffentlichkeit jene Konsternation, die meine eigenen amerikanischen Freunde, die Generäle im Pentagon, als »shock and awe« zu bezeichnen pflegen.

»Shock and awe«, was heisst das eigentlich auf spanisch? Ich würde es ganz einfach übersetzen mit »método Torquemada«. Fast kein Personal hatte die Inquisitio Moderna. Doch wenn sie zuschlug, dann war »shock and awe«.

»Lähmendes Entsetzen« verbreitete sich durch ganz Spanien und Portugal. Wehe, wenn dies einem Erzbischof von Toledo geschehen konnte. Dann konnte es jedem jederzeit geschehen. Wehe! Dann konnte jeder Spanier nur unablässig sein Gewissen erforschen: Habe ich nicht doch einmal etwas gedacht, was nicht katholisch war? Habe ich vielleicht sogar, in meiner Geschwätzigkeit, in meinem unseligen Leichtsinn, etwas Ketzerisches gesagt? Dann wehe mir!

Shock and awe umso mehr, als hinter Klostermauern und Haustüren, hinter vorgehaltenem Messbuch alle einander alles zuflüsterten. Ohnmächtig, hiess es, sei der Erzbischof von Toledo in seine Kissen zurückgesunken, als – »Gott stehe mir bei!« – die Heilige Inquisition, leibhaftig, vor seinem Bette stand. Vor allem flüsterte ganz Spanien über die Gründe dieser aberwitzigen Verhaftung.

Da gehe es um Geld, flüsterten die meisten, wie immer nur um Geld, und zwar um viel Geld. Hatte nicht König Philipp II den Grossinquisitor Valdés wiederholt und eindringlich gebeten, ihm wenigstens einen Teil jener 60.000 Dukaten abzutreten, die er als Erzbischof von Sevilla jährlich aus seinen Pfründen einstrich? Valdés aber, kein Dominikaner, kein Bettelmönch, sondern ein Weltpriester und vor Geiz geil, hatte dem König das Geld so lange und so beharrlich verweigert, dass er in Ungnade fiel. Jetzt war er plötzlich wieder in allerhöchster Gnade. Warum? Toledo war das reichste Stift des Königreichs, viel reicher als Sevilla. Pfründen von 200.000 Dukaten im Jahr hatte der Erzbischof von Toledo. Jetzt waren diese Pfründen sequestriert. Beschlagnahmt durch den Grossinquisitor Fernando Valdés, der gar nicht daran dachte, sich an die Bestimmung der Inquisition zu halten, wonach beschlagnahmte Güter und Gelder bis zur Urteilsverkündung im Interesse des Verhafteten zu verwalten waren. In unverhoffter Grosszügigkeit überliess der Grossinquisitor den märchenhaften Pfründenschatz aus Toledo Seiner Majestät dem König. Solange der Erzbischof von Toledo gefangen blieb, solange war der König von Spanien finanziert. Wie lange Carranza wohl gefangen bleiben würde? Es bedurfte keiner übernatürlichen Schläue, um sich das vorzustellen.

So erklärten sich alle das scheinbar Unerklärliche. Und keiner dachte an einen viel näherliegenden Grund. Wahrlich, ich sage euch: Wir haben den Erzbischof von Toledo unter dem dringenden Verdacht der Ketzerei verhaftet, weil er in der Tat der Ketzerei dringend verdächtig war.

Beachtet das Jahr! 1557 waren jene skandalösen protestantischen Flugblätter erstmals in Toledo herumgeflattert. 1559 haben wir den Erzbischof von Toledo aus dem Bett heraus verhaftet. In den beiden Jahren dazwischen aber war in Spanien der protestantische Teufel los. Nicht nur in Toledo, auch in Sevilla und in Valladolid musste die Heilige Inquisition protestantische Verschwörungen ausheben. Sie blieb dabei ganz souverän.

Nicht souverän blieb König Karl V. Wohl hatte er sich in die Einsamkeit des Klosters San Yuste in Estremadura zurückgezogen und die Herrschaft seinem Sohn Philipp II. überlassen. Doch was an Nachrichten über die protestantischen Umtriebe in Spanien dort an sein Ohr drang, erfüllte den greisen Monarchen mit politischem Entsetzen. Da sein Sohn Philipp fern in den Niederlanden weilte, richtete Karl V. am 25. Mai 1558 an seine Tochter Juana, die als Regentin amtete, jenen berühmten Brief, der das Schicksal der spanischen Protestanten besiegeln sollte:

Dass jetzt in Spanien überall Protestanten auftauchten, schreibt Karl V., »bereitet mir mehr Gram und Schmerz, als ich in Worten auszudrücken vermag«. In welchem Frieden habe doch Spanien bisher gelebt, während Deutschland, Frankreich und England von

Glaubensstreit zerrissen, von Glaubenskriegen verheert würden. Deshalb richte er an sie, an seine Tochter, die Regentin von Spanien, die beschwörende Bitte, »eine radikale Kur für dieses Unheil zu finden«. Eines sei ja in Spanien so klar wie in den Niederlanden: Protestanten träten niemals auf »ohne eine bewaffnete Organisation und Führung«. Um zu verhindern, dass Spanien das unselige Schicksal Deutschlands und Frankreichs erleide, bitte er deshalb seine Tochter, schon gegen die allerersten Anfänge dieser gemeinverderblichen Ketzerei vorzugehen, und zwar »mit grösstem Nachdruck und grösstem Gewicht und mit schnellwirkenden Heilmitteln«. Mit der übergrossen Milde, welche die Heilige Inquisition bisher an den Tag gelegt habe, müsse jetzt erbarmungslos Schluss sein. Als Rebell gegen den König habe jeder Protestant in Spanien »ipso facto« den Feuertod verdient.

Dies war der Wille Karls V. Es wurde der Wille seiner Tochter Juana und seines Sohnes Philipp. Und was der königliche Wille war, das war einem spanischen Grossinquisitor Befehl. Kaum sechs Wochen nach dem Brief Karls V. an seine Tochter, die Regentin, schrieb Fernando de Valdés dem Papst, dass »diese Irrtümer und Ketzereien Luthers und seiner Brut, die man jetzt in Spanien zu predigen und einzuführen begonnen hat, als Aufstand und Aufruhr zu gelten haben«.

Dem königlichen Befehl gemäss wurden 1559 in Valladolid 26 protestantische Rebellen verbrannt, in Sevilla 32, später dann, 1562, noch einmal 88. Mit diesen insgesamt 166 Verbrennungen war der Protestantismus in Spanien ausgelöscht.

Kühlen Kopf zu bewahren, ist in allen Lebenslagen wichtig. Besonders wichtig ist es im Umgang mit der Ketzerei. Bin ich der Einzige, der sich, ganz kühl, die Frage stellt, ob König Karls apokalyptische Ketzerpanik nicht doch ein bisschen übertrieben war?

Das Überraschende waren für uns die Verhöre. Mit zwei oder drei Ausnahmen bekannte sich keiner zu Martin Luther oder gar zu Johannes Calvin. Alle diese spanischen Protestanten kamen uns mit der gleichen faulen Ausrede: »Ich sage doch nur, was der Erzbischof von Toledo schreibt!«

Was schreibt der Erzbischof von Toledo? Das wussten die Inquisitoren leider nicht. War es doch im Spanien des 16. Jahrhunderts wie im Deutschland des 21.: Über Bücher redet man – man liest sie nicht.

Am fleissigsten las alleweil noch die Heilige Inquisition. Aber auch bei uns hatte der Fleiss seine Grenze. Und diese Grenze hiess Bartolomé de Carranza.

Wenn der Erzbischof von Toledo redete, dann war das, wie wenn ein gewöhnlicher Christ Durchfall hat. Seine Exzellenz war der grösste Schwätzer von ganz Spanien, Portugal und Amerika. Fängt nicht alle Ketzerei an mit krankhaftem Redezwang?

Und erst, wenn er anfing zu schreiben! Je schlechter ein Autor sei, hat Erasmus von Rotterdam gesagt, desto schneller fliesse es ihm aus der Feder. Wollte er auch nur ein paar kleine Anmerkungen zum Katechismus zu Papier bringen, so schwoll aus Carranzas Feder im Nu ein »Comentario sobre el catechismo christiano« von über neunhundert riesigen Folioseiten. Wer wollte das lesen? Niemand in ganz Spanien.

Niemand ausser den Ketzern. So wüst verworren war das ganze Buch, so missverständlich jeder Gedankengang, so weitschweifig verschachtelt jeder Satz, dass fast auf jeder Seite etwas stand, was man genauso gut katholisch wie protestantisch verstehen konnte. Die Ketzer waren amused.

Die Heilige Inquisition nicht. Als wir uns endlich überwanden, den grausigen erzbischöflichen Wälzer, Satz für Satz, zu überprüfen, fanden wir darin 101 Sätze, über die wir beim besten Willen nicht hinweglesen konnten. Sie waren lutheranisch. Allerdings stand vor und hinter jedem dieser Sätze wiederum ein etwas anderer, mehr oder weniger katholischer Satz. Aber ist Konfusion in der Dogmatik ein Entschuldigungsgrund? Das kleinste Mönchlein Spaniens hätten wir, nach solchen Äusserungen, an der Kapuze gepackt.

Das kleinste Mönchlein nur? Gleiches Recht für alle, ohne Ansehen der Person, das war der Fortschritt der Heiligen Inquisition von Anfang an. Es war auch das Geheimnis ihrer Macht. Drum haben wir Seine Exzellenz den Erzbischof von Toledo verhaftet. Wegen »Verbreitung zahlreicher Irrtümer Luthers«.

Wie konnte so einer überhaupt Erzbischof von Toledo werden? Fragen Sie nicht mich! Fragen Sie König Philipp II! Der hatte Carranza 1554, bei seiner Heirat mit Maria Stuart, als Brautführer nach England mitgenommen. Dort wurde er Maria Stuarts Beichtvater, und es heisst, er habe bei ihren Beichten sehr viel zu hören bekommen. Daneben, so behauptete er später vor der Heiligen Inquisition, habe er in jenen drei Jahren in England zwei Millionen Ketzer zum katholischen Glauben bekehrt. Vielleicht bekehrte er in ähnlichen Schwällen, wie er redete und schrieb. Was mich betrifft, so würde ich mir nicht zutrauen, auch nur einen einzigen Engländer zu bekehren. Doch nahm er Philipp in England so für sich ein, dass dieser ihn, ohne die königlichen Räte, ohne Spaniens Bischöfe zu konsultieren, 1557 zum Primas von Spanien machte.

So rasch wie gewonnen, zerrann ihm die königliche Gunst. Vor allem lag das daran, dass er sich jetzt, seit er Erzbischof geworden war, nicht mehr so gern auf den König berief, viel lieber auf den Papst. Er war der Primas von Spanien, und über ihm war nur noch der Summus Pontifex in Rom. Auch König Philipp II. glaubte an den Papst. Aber nichts war ihm so verhasst wie päpstliche Einmischung in die spanische Kirche. Bedurfte es da noch der Einflüsterungen des Grossinquisitors Valdés, dass Carranza in England keine Ketzer bekehrt, sich dafür aber heimlich angefreundet habe mit einem so gefährlichen, häresieverdächtigen Engländer wie Kardinal Pole? Von den 200.000 Dukaten der Pfründe von Toledo gar nicht zu reden, wirklich nicht. So stürzte die kometenhafte Karriere des Bartolomé de Carranza ab in shock and awe.

Shock and awe auch in Rom. Wenn dieses möglich war, dass die Spanische Inquisition bei Nacht und Nebel, ohne Wissen Roms, den Erzbischof von Toledo verhaftete, dann war künftig alles möglich. Gehörten Philipp II. nicht schon Mailand und Neapel? Wie, wenn dem König von Spanien in den Sinn käme, dass der Papst an Pfründen noch unvergleichlich reicher war als der Erzbischof von Sevilla? Wie, wenn nächstens der Oberalquazil aus Madrid in Rom anklopfen würde, so morgens um halb vier am Schlafzimmer des Heiligen Vaters?

Gebieterisch verlangte der Heilige Stuhl die Überstellung Carranzas und aller Dokumente der Anklage gegen ihn nach Rom. Gebieterisch lehnten König Philipp II und sein Grossinquisitor Valdés das päpstliche Ansinnen ab.

Es ging jetzt schon nicht mehr um die Seele, oder besser um den Leib des Erzbischofs von Toledo. Es ging um die Frage, wer in der Kirche des spanischen Weltreiches das letzte Wort hatte. Der König oder der Papst? So begann ein endloses juristisches Tauziehen zwischen Rom und Madrid. Der König von Spanien hatte nichts dagegen. Jedes Jahr Prozessverzögerung brachte ihm aus Toledo 200.000 Dukaten.

Nach sechs Jahren verlor Papst Pius IV. die Geduld. Mit dem strikten Auftrag, den Gefangenen Carranza hinter seinen geschlossenen Fensterläden hervorzuholen und ihn nach Rom zu bringen, schickte er seine drei mächtigsten Kardinäle nach Madrid, alle drei spätere Päpste: Gregor XIII., Urban VII. und Sixtus V. Auch dieses illustre Trio bekam in Madrid keinen Fuss auf den Boden. Verzagt meldeten die drei nach Rom: »Aus Furcht vor der Inquisition wagt hier keiner, ein Wort für Carranza einzulegen. Ihn gar freizusprechen, würde kein Spanier wagen, denn das wäre Widerstand gegen die Inquisition. Und die würde niemals ihre Autorität aufs Spiel setzen durch ein Eingeständnis, dass sie Carranza zu Unrecht eingekerkert habe.«

Aber wartet nur ein Jährchen! 1566 stirbt Papst Pius IV. Ihm folgt, unter dem Namen Pius V., Michele Ghislieri, der Grossinquisitor von Rom. Wir werden ihn noch kennenlernen. Einstweilen lernt ihn König Philipp II von Spanien kennen. Und sein Grossinquisitor Valdés. Der vor allem lernte seine Meinung kennen: »Die Theologen Spaniens wollen Carranza zum Ketzer machen, obwohl er das nicht ist.«

Grossinquisitor gegen Grossinquisitor: Der Titanenkampf steigert sich zur dramatischen Drohung des fünften Pius, Spaniens ungehorsamen Grossinquisitor samt seinem ungehorsamen König vor aller Welt zu exkommunizieren. Auch da wollte der spanische Grossinquisitor eher die Kirchenspaltung riskieren als nachgeben. Es war König Philipp II, ein tiefgläubiger Katholik, der sich dem Papst fügte.

Gleich neben dem Vatikan, im berühmtesten Knast der Welt, in der Engelsburg, bekam jetzt der Erzbischof von Sevilla die schönsten Gemächer. Mehr konnte auch ein Pius V. für Carranza nicht tun. Dass er den König von Spanien mit dem »Zorn Gottes und der Apostel Petrus und Paulus« bedroht hatte, war päpstliche brinkmanship gewesen, knapp am Schisma vorbei. So verheerend nämlich war inzwischen die Lage der Kirche in Deutschland und England, dass der Papst auf Gedeih und Verderben angewiesen war auf Spaniens Treue. Philipp aber war – bei allem spanischen Stolz und Starrsinn – treu.

Acht Jahre hatte der Erzbischof von Sevilla durch seine geschlossenen Fensterläden nach päpstlicher Rettung gespäht. Jetzt, in Rom, durfte er manchmal sogar rund um die Engelsburg und um den Vatikan spazieren gehen. Ein Fortschritt in seinem Tageslauf, doch kein Fortschritt in seinem Prozess. Damit beide Seiten, Rom und Madrid, ihr Gesicht wahren konnten, wurde das Verfahren noch einmal neun Jahre lang verschleppt. Der König von Spanien konnte gut damit leben. Sehr gut sogar.

Und dann, schon nach dem Tod Pius V., ein Ende ohne Glorie, zwischen spanischen und römischen Diplomaten peinlich arrangiert. Am 14. April 1576 wurde Carranza in Rom zwar nicht der Ketzerei schuldiggesprochen, doch als weiterhin »der Ketzerei stark verdächtig« bezeichnet. Als ketzerisch verurteilt wurden jedoch, statt seiner selbst, sechzehn Sätze aus seinen Schriften. Besonders vermerkt wurde in dem Urteil, dass die Pfründen des Stifts Toledo in den nächsten fünf Jahren nicht mehr dem König von Spanien zufallen sollten, sondern dem Papst.

Vor dem Baldachin Gregors XIII. in der römischen Konstantinsbasilika sank Carranza in die Knie und dankte dem Heiligen Vater für seine Milde. Als besondere Gunst wurde ihm gewährt, seine Tage in der Abtei Orvieto beschliessen zu dürfen. In päpstlicher Ehrenhaft.

Es kam nicht mehr dazu. Ein paar Tage nach dem Prozess starb der Erzbischof von Toledo, nach siebzehnjähriger Gefangenschaft ein gebrochener Greis.

Als er das milde römische Urteil vernahm, war König Philipp, sonst so unbewegt, vor Ärger ausser sich. Nicht mehr ärgern konnte sich dagegen sein Grossinquisitor Fernando de Valdés. In päpstlicher Ungnade war er 1567 gestorben. Nie sollte der Traum seines Inquisitoren-Lebens in Erfüllung gehen: ein Autodafé mit dem Erzbischof von Toledo vor dem Grossinquisitor knieend im gelben Ketzerhemd. Ein Autodafé mitten in Toledo. Endete doch jede Verurteilung durch die Spanische Inquisition notwendig mit einem Autodafé.

Das ist ein portugiesisches Wort und heisst »Akt des Glaubens«. Auf Spanisch muss es Auto de fe heissen. Aber halten wir uns nicht bei iberischen Sprachfeinheiten auf. In der englischen Propaganda gegen Spanien – und somit im Glauben der Deutschen – ist ein Autodafé ein barbarisches Monster-Spektakel, das an mörderischer Grausamkeit selbst Kaiser Neros blutige Schauspiele übertrifft: Zum bestialischen Ergötzen fanatisch verhetzter katholischer Massen winden sich auf lodernden Scheiterhaufen unschuldige protestantische Märtyrer in entsetzlicher Qual.

Soweit die »legenda negra« der englischen Propaganda und somit, selbstverständlich genauso »negro«, der deutsche Glaube. Zu diesem Aberglauben eine bescheidene, aber empirische Fussnote: Kein Mensch wurde auf einem Autodafé verbrannt. Und wenn die legenda negra sich immerzu über den »mittelalterlichen Fanatismus« der Spanier empört, so stellt sie die Geschichte vollends auf den Kopf. Nichts war mittelalterlich am spanischen Auto de fe. Dies war Inquisitio moderna. Atemberaubend modern war das Auto de fe.

Mit geringstem Aufwand eine überwältigende Wirkung zu erzielen, das ist das Prinzip Torquemada. So etwas ist aber leichter gesagt als getan. Wie versetze ich mit nur dreihundert vollberuflichen Mitarbeitern die halbe Welt in shock and awe? Keine der heutigen demokratischen Methoden staatlicher Überwachung von Extremisten stand uns zur Verfügung. Dafür fehlten uns, ausser dem Personal, alle bürokratischen und elektronischen Mittel. Den Primas von Spanien verhaften, zum Entsetzen aller? Ja gewiss, unter grössten Risiken konnte man das tun – einmal im Jahrhundert.

Wie aber nun, wenn es uns gelänge, die Tagung unseres Glaubensgerichts theatralisch in Szene zu setzen? Nicht als langweilige irdische Justizmühle, sondern als dramatische Vorwegnahme des Jüngsten Gerichts, so packend inszeniert, dass alle Welt magisch angelockt wird, und alle von dannen ziehen erfüllt von heiligem Entsetzen? »Heiliges Entsetzen« ist ein katholischer Begriff. Isaias meint das Gleiche und sagt »die Furcht des Herrn« (Isaias 2. Kapitel, Vers 19). Die amerikanischen Generäle sagen »shock and awe«.

Shock and awe spricht aus allen erhaltenen Berichten – nicht nur aus spanischen, sondern auch aus englischen – von jenem grossen Autodafé, das am 30. Juni 1680 auf der Plaza Mayor in Madrid abgehalten worden ist.

Mit Trommeln und Trompeten war, schon einen Monat zuvor, eine berittene Prozession durch die Stadt gezogen: »Kund und zu wissen sei allen, dass das Heilige Amt der Inquisition zum Ruhm und zur Ehre Gottes und zur Erhöhung unseres heiligen katholischen Glaubens am 30. Juni ein öffentliches Autodafé feiern wird.«

Unter der Leitung von acht Sonderkommissionen begann sofort die Arbeit. Gewaltige Gerüste waren zu zimmern und zusammenzufügen zum »teatro«: eine halbrunde Schaubühne für die verurteilten Ketzer. Eine Ehrentribüne für die Granden, die Adeligen und die Räte Spaniens. Ein Balkon für den König, und, hoch darüber, die Kanzel für den Grossinquisitor. Weiter unten Erfrischungsräume für die Ehrengäste, Aufenthaltsräume für die Beichtväter und Mönche, vor allem aber ein besonderer Raum für jene Ketzer, die vielleicht im letzten Augenblick, von Reue ergriffen, ihrem Irrtum abschwören würden und beichten wollten.

Während die Zimmerleute jene gewaltige Kulisse bauen, die auf Francisco Rizis berühmtem Gemälde festgehalten ist, nähen fleissige Schneider die Kostüme für die Prozession der Schuldigen. Eine Ketzerkutte, eine Ketzermütze nach der andern. Mit rotem Samt und Goldfransen beziehen sie die Truhe für die Urteils-Dokumente. Mit Stickereien und karmesinrotem Damast, mit Quasten von Silber und Gold schmücken sie die Standarte der Heiligen Inquisition. Kostbaren Schmuck für die Maultiere der Beamten fertigen andere. Und erst die Teppiche alle und die Behänge für die Tribünen und Balkone!

Strohpuppen werden geflochten, bemalt und bekleidet, jede Puppe lebensgross als Bildnis für einen entwichenen Ketzer, mit seinem Namen versehen. Särge sind zu zimmern für die Gebeine verstorbener, aber leider noch nicht verurteilter Ketzer. Der Hochaltar wird hoch errichtet und mit barockem Zierrat noch höher überladen. Unzählige Leuchten, Weihrauchfässer, Fackeln, Kerzen, Kerzenständer sind zu besorgen und, noch wichtiger, liturgisch korrekt aufzustellen. Jeder Festordner braucht einen silbernen Stab. Der Verkehr wird amtlich umgeleitet. Ein allgemeines Reitverbot für die Innenstadt wird erlassen. Hat schon jemand das festliche Frühstück für die verurteilten Ketzer bestellt? Aus den Kirchen und den Klöstern dringen in alle Gassen hinaus gregorianische Choräle:

»Dies irae, dies illa!«

»Tag der Tränen, Tag des Zorns:« Madrids Chöre üben für das Autodafé.

Und dann, am Morgen des heiligen Gerichts, zum ersten Dämmerlicht ein Trommelwirbel, der ganz Madrid aus dem Bett jagt, sogar den Hof. Schon um fünf Uhr erscheint, eskortiert von 250 Soldaten der »Kompanie des Glaubens«, Seine Majestät Carlos II, König von Spanien. Neben ihm nimmt in der königlichen Loge Königin Maria Luisa Platz. Auch die Königinmutter, Marianne von Österreich, ist gekommen, mit ihr alle hohen Damen des Hofs.

Drangsal herrscht alsbald auf den Ehrentribünen, auf denen der Hochadel Platz genommen hat, aber auch viele vom Landadel und die fremden Gesandten. Drangsal auch an allen Fenstern der Häuser rund um die Plaza Mayor. Um acht Uhr ist der ganze weite Platz bis in die umliegenden Strassen mit Menschen brechend voll.

Die Spannung ist fast unerträglich: Um acht zieht die Prozession ins teatro ein!

Schau, da kommt, voran das Weisse Kreuz, der Zug der Dominikanermönche. Hörst du, was sie singen? Es ist der Psalm der Busse:

»Miserere mei, Deus ...«

»Erbarm Dich, Herr, erbarm Dich über mich!« Lang ist der Psalm, lang ist der Zug der Mönche, und langsam gehen sie. Die ganze Nacht haben sie schon damit verbracht, für das Ewige Heil der verurteilten Ketzer die Psalmen der Busse zu singen.

Hinter den Dominikanern das Grüne Kreuz! Und jetzt, schau, da kommt er: Juan Francisco Tomás de la Cerda y Enriquez de Rivera, VIII. Herzog von Medicaneli, Erst-Minister des Königs und Präsident des Indien-Rates. Das ist der reichste und mächtigste Mann Spaniens. Kein anderer als er wäre würdig, die Standarte der Heiligen Inquisition zu tragen. Siehst du auf dem goldgewirkten Banner des Glaubensgerichts den Olivenzweig und das Richtschwert? Was darüber steht, ist jener Satz aus dem 73. Psalm, mit dem schon die Bulle des Papstes gegen Martin Luther begann:

»Exsurge, Domine, et judica causam tuam!«
»Erhebe Dich, Herr, richte in Deiner Sache!«

Hinter dem Herzog her ein Zug von 25 Granden und vielen andern erlauchten Persönlichkeiten. Das sind die »Familiares« der Heiligen Inquisition, ihre »Vertrauensleute«!

Über diese Familiaren ist in Deutschland viel Unsinn erzählt worden, so als hätte die Inquisition ihren allzu schlanken Stab von Festangestellten kompensiert durch ein aufgeblähtes Heer von freien Mitarbeitern. Von Horchern und Spitzeln. In Wirklichkeit hat die Spanische Inquisition nie mehr als 10.000 Familiaren gehabt und zu den meisten Zeiten sehr viel weniger.

Nicht alle waren so vornehm wie der Herzog von Medicaneli. Aber alle waren vornehm genug, um es als eine Sache der Ehre zu betrachten, die Inquisitoren bei Gelegenheit zu begleiten und zu beschützen. Zum Beispiel waren die beiden Inquisitoren, die den Erzbischof von Sevilla verhaftet haben, von vierzig berittenen Familiaren begleitet. Zum Horchen und Spitzeln aber waren Männer solchen Ranges sich viel zu schade. Die Heilige Inquisition brauchte ja auch gar keinen Spitzeldienst. Wie heute bei den deutschen Finanzämtern kamen die Denunzianten alle von selber bei uns an. Und es täten die deutschen Finanzämter gut daran, unserem Vorbild zu folgen: Neun von zehn Anzeigen sind wir gar nicht erst nachgegangen.

Aber schau, jetzt kommt, was alle erwarten: Auf den prächtigen Auftritt der Familiaren folgt, in der gelben Farbe der Schande, der lange Zug der Ketzer. Zuerst, von frommen Männern getragen, vierunddreissig lebensgrosse Strohpuppen. Das sind die Abbilder entflohener Ketzer. Auch ihre Schandtaten und ihre Strafen werden heute verkündet. Und jetzt die schwarzen Särge, ringsum bemalt mit hochzüngelnden Flammen. Das sind die Gebeine verstorbener Ketzer. Auch sie werden noch gerichtet.

Und jetzt halte den Atem an: Da kommen die leibhaftigen Ketzer! Die Vordersten sind leichtere Fälle: Männer und Frauen mit Stricken um die Hälse und mit jenen hohen Ketzerhüten, die den Bischofsmützen so unheimlich ähnlich sind. Schau genau auf diese Ketzer-Mitren! Da sind die Verbrechen eines jeden kunstvoll aufgemalt und aufgeschrieben. Das dort ist ein frecher Schwindler, der sich als Beamter der Heiligen Inquisition ausgegeben hat, um gläubige Katholiken zu erpressen! Das dort ist ein bigamista! Zwei Frauen hat er geheiratet, eine in Madrid und eine in Sevilla. Und das dort ist ein Priester, der eine Jungfrau im Beichtstuhl verführt hat! Hat er nicht gewusst, dass die Heilige Inquisition alles sieht? Hat er nicht gewusst, dass in Spanien die Heilige Inquisition auch für solche Verbrechen zuständig ist?

Jetzt kommen an die fünfzig Ketzer mit Fackeln in der Hand. Siehst du die roten Andreaskreuze, die, vorn und hinten, auf ihre gelben Ketzerröcke aufgenäht sind? Bussfertige Ketzer sind das, die zum ersten Mal dem Irrglauben verfallen sind. Doch sie haben bereut und sind bereit, ihre Verbrechen zu sühnen.

Jetzt aber schau besser nicht hin! Die Allerschlimmsten kommen nun, von Mönchen rings umgeben. Das ist »la perduta gente«, von der Dante im ersten Höllengesang erzählt: »das verlorene Volk«. Neunzehn verstockte Ketzer sind das, die meisten zum dritten Mal rückfällig geworden. Sie kommen in die Hölle. Auch auf Erden gibt es für sie keine Gnade mehr. Drum sind auf ihre gelben Ketzerhemden Teufel aufgemalt und höllische Flammen. Jeden einzelnen begleiten vier oder fünf Mönche, um ihnen gütig zuzureden, unterwegs zum sicheren Tod.

So zieht die gesamte Prozession langsam unter dem Hauptaltar und dann unter der königlichen Loge vorbei. Als Letzter erscheint, im purpurnen Amtsgewand, der Grossinquisitor. Das feierliche Hochamt hebt an. Die Chöre singen von Jesus Christus, dem Weltenrichter:

»Juste judex ultionis!«
»Richter du gerechter Rache!«

Der Grossinquisitor besteigt die Kanzel. Die ersten Ketzer fallen in Ohnmacht. Darauf aber ist die Heilige Inquisition vorbereitet: Ein Spezialgeländer verhindert, dass bewusstlose Ketzer während der Predigt des Grossinquisitors von der Schaubühne herunterstürzen.

Gegen zwölf beginnt, von zwei Kanzeln herab, die Urteilsverkündung. Dazu ist »en el centro del teatro« eigens ein Gerüst gebaut worden mit Käfigen, in denen ein Ketzer nach dem andern der gläubigen Versammlung vorgeführt wird, während die beiden Inquisitoren abwechselnd seine Verbrechen verlesen und seine Strafe verkünden.

Zuerst die Todgeweihten. Im Unterschied zu den andern Ketzern wissen sie schon, was sie erwartet. Jeder von ihnen hat am Abend zuvor den Besuch eines Inquisitors erhalten, der ihm das Todesurteil überbrachte. Auch ist ihre Strafe ja schon auf ihre Gewänder gemalt.

Dieser harte Kern verstockter, mehrfach rückfälliger Ketzer löst sich während der Urteilsverkündung dramatisch auf. Einer nach dem andern bricht in Tränen aus und will bereuen. Mit lebhaft bekundeter Freude führen ihn Mönche sofort in jenen verschwiegenen Raum unter der Tribüne, wo die Beichtväter warten.

Lang bleibt ein jeder dort verschwunden. Die Beichte ist lang, und länger noch ist der priesterliche Zuspruch.

Die Särge und die Strohpuppen kommen als Nächste in den Käfig, dann in langer Reihe wieder lebendig Gefangene. Erneut fallen manche in Ohnmacht, wenn sie, jetzt zum ersten Mal, das Mass ihrer Schuld und ihrer Strafe hören.

Nach der feierlichen Abschlussmesse erhebt sich Seine Majestät. Es ist schon halb zehn. Dem König folgen Hof und Adel. Auch das Volk läuft, nach sechzehn Stunden im »teatro«, in alle Richtungen auseinander.

Und die Scheiterhaufen?

Fast hätte ich sie vergessen. In auffälliger Weise interessierten die Scheiterhaufen die anwesenden Spanier sehr viel weniger als die fernen Engländer und Deutschen. Zu dem Schauspiel gehörten sie nicht.

Schon um vier Uhr nachmittags, noch mitten im Autodafé, wurden die neunzehn zum Tod Verurteilten von den Inquisitoren aus dem »teatro« hinausgeführt und draussen dem »weltlichen Arm«, das heisst den Madrider Stadtbehörden, übergeben. Während drinnen die Urteilsverkündung weiterging, wurden sie auf Maulesel gesetzt und aus Madrid hinausgeführt. Hin zur Galgenstätte vor dem Tor von Fuencarral.

Doch bis zuletzt bleibt klar, dass die Heilige Inquisition gegründet worden ist, um der Lynchjustiz des Volkes ein Ende zu setzen durch geordnete Gerechtigkeit. Auf strikte Anordnung der Inquisitoren schützen Wachen die Verurteilten auf dem Weg zur Galgenstätte vor jenem Pöbel, der sich überall auf der Welt zu Hinrichtungen drängt.

Auf dem Galgenhügel dann kein Pomp mehr und keine Zeremonie. Fast alle werden vom städtischen Henker zuerst erdrosselt, ihre Leichen danach, zusammen mit den Strohpuppen und den Särgen, dem Feuer übergeben. Fast alle hatten ja, während der Urteilsverkündigung noch, tief bereut und lang gebeichtet. So war auch den Verstockten und den vielfach Rückfälligen ganz zuletzt noch die Gnade zuteil geworden, nicht bei lebendigem Leib verbrannt zu werden. Wisset, dass auch Ketzer Menschen sind. Kaum ein Mensch, gleich welchen Glaubens, hat vor dem Flammentod noch den ungebrochenen Bekennermut der Märtyrer.

Zur legenda negra der englischen und amerikanischen Propaganda gegen Spanien – und somit zum leichtgläubigen Aberglauben der Deutschen – hat lange Zeit eine magische Zahl gehört: »95 Millionen Menschen« habe die Spanische Inquisition hingerichtet. Nehmt jetzt am besten alle eure elektronischen Taschenrechner und teilt diese Propagandazahl erst mal ganz grob durch 10.000. Dann haben wir einen guten Ausgangspunkt für die historische Wahrheit.

Nur ein bis zwei Prozent aller Prozesse der Spanischen Inquisition haben, nach den Ermittlungen von Jean-Pierre Dedieu, mit einem Todesurteil geendet: »10.000 exécutions au maximum«. Diese Berechnung stammt aber noch aus den achtziger Jahren. Inzwischen hat die historische Forschung sehr viel mehr Material durcharbeiten können, insbesondere jene Akten der Vatikanischen Archive, die 2004 voll zugänglich geworden sind. Danach hat die Spanische Inquisition im 16. und im 17. Jahrhundert insgesamt 44.647 Verfahren durchgeführt. Davon endeten lediglich 1,8 Prozent mit einem Todesurteil, in weiteren 1,7 Prozent der Fälle lautete das Urteil auf »Verbrennung in effigie« – »Verbrennung als Strohpuppe«. Etwa ein Drittel aller Prozesse endete mit Freispruch oder, was das Gleiche bedeutete, mit »Aussetzung auf unbestimmte Zeit«. Die meisten Autodafés haben ohne ein einziges Todesurteil geendet. Insgesamt, so die neuesten Schätzungen, hat die Spanische Inquisition etwa 1.200 bis 2.000 Hinrichtungen zu verantworten.

Ich verantworte sie, meine Damen und Herren.

Verblüffung zuerst, dann Empörung im Publikum.

Meine ungläubigen Damen und Herren, ich verbiete Ihnen jegliche moralische Empörung. Was ist denn ein spanisches Autodafé verglichen mit den unmenschlichen Massakern, welche die atheistischen Verfolger des 20. Jahrhunderts angerichtet haben? Nur wenige Jahre haben sie gewütet, viele Millionen Menschen haben sie ums Leben gebracht, und konnten doch ihre Herrschaft nicht sichern.

Die Heilige Inquisition war anders. Weil sie etwas anderes wollte. Nicht morden wollte sie, sondern die Schuldigen richten und die Unschuldigen schrecken. Shock and awe war der Sinn des Autodafés. Die Zuschauer des grossen Autodafés von 1680 bekamen ja gar keine Gelegenheit, sich an den insgesamt neunzehn – nach andern Berichten achtzehn – Exekutionen draussen vor dem Tor von Fuencarral zu ergötzen. Was also haben sie erlebt? Was hat sie so masslos fasziniert, dass sie, wie der König, sechzehn Stunden blieben?

Vor der Zeit und ohne alle technischen Mittel von heute war das Autodafé ein Fernsehspiel vom Jüngsten Gericht. Religiöse Reality-TV, so vollkommen inszeniert, dass keiner wegging, ohne, voll heiligem Entsetzen, Besserung zu geloben. Keiner, der nicht, zum feierlichen Gesang der Chöre, Jesus Christus, den Richter der Welt, so flehentlich um Gnade bat wie Thomas von Celano:

»Confutatis maledictis,
Flammis acribus addictis,
Voca me cum benedictis!«

»Wenn Verworfnen ohne Schonung,
Flammenqual wird zur Belohnung,
Ruf mich zu der Seligen Wohnung!«

Millionen Todesopfer: Das war das heidnische Prinzip der atheistischen Verfolger im 20. Jahrhundert. Es endete im ganz raschen Fiasko. So wenig Tote als möglich bei grösstmöglicher Wirkung auf die Seelen aller: Das war das christliche Prinzip der Heiligen Inquisition. Es war erfolgreich. Jahrhundertelang.

Ein- bis zweitausend Ketzer hat die Spanische Inquisition hingerichtet. Aber habt ihr euch schon überlegt, wieviel tausend Ketzern sie das Leben gerettet hat? Erinnert euch doch an die masslose Aufregung in Toledo, als ein paar protestantische Flugblätter herumflatterten. Und an den allgemeinen Schrei nach Inquisition.

So war das auch auf den Dörfern und in den kleinen Städten Spaniens: Wo immer ein Verdacht auf Ketzerei aufkam, steigerte sich das christliche Volk in Pogrom-Stimmung. Nicht immer, aber meist, kam die Heilige Inquisition gerade noch rechtzeitig, um der Lynchjustiz zuvorzukommen und ein nüchternes, sachliches Verfahren einzuleiten. Recht eigentlich dafür war die Inquisition ja einst vom Papst gegründet worden. Wie viele Ketzer wir so vor dem blutgierigen Pöbel gerettet haben, ist, der Natur der Sache entsprechend, nicht leicht zu schätzen. Ich glaube, es waren, verglichen mit der Zahl der Todesurteile, mindestens zehnmal so viele.

Morgen erst werde ich Gelegenheit haben, euch im Detail den berüchtigten »Kerker« zu schildern, in dem das berühmteste »Opfer« der Römischen Inquisition »geschmachtet« hat. Zu den Inquisitions-Gefängnissen in Spanien selber nur so viel: Sie waren humaner als die bischöflichen Gefängnisse. Sie waren viel humaner als die königlichen Gefängnisse. Sie waren unvergleichlich humaner als die städtischen Gefängnisse.

Immer wieder kam es vor, dass Häftlinge in städtischen Gefängnissen – ganz banale Schurken – so vorsätzlich und so laut Gotteslästerungen ausstiessen, dass die Heilige Inquisition einfach nicht mehr weghören konnte. Für Blasphemie war sie ja zuständig. Wem es auf diese Weise gelang, aus dem grausigen weltlichen Loch umzusiedeln ins ungleich modernere Gefängnis der – wie der Name sagt – Modernen Inquisition, der hatte es gut.

Wie gut?

Im Jahre 1654 erhoben die Kaufleute von Granada vor Gericht Klage, weil die Gefangenen der Heiligen Inquisition, wörtlich so, »keine Umsatzsteuer zahlen«.

Umsatzsteuer für gefangene Ketzer?

Die amtliche Untersuchung ergab folgenden Tatbestand: Das Gefängnis der Heiligen Inquisition von Granada sei »ein Gefängnis nur dem Namen nach«.

Die Tür stand offen, nicht nur tags, sondern auch einen grossen Teil der Nacht. Ohne Begleitung, ohne Aufsicht konnten die Gefangenen ausgehen, wie sie wollten. Nicht nur in Granada selber, sondern auch vor den Toren fanden sie tagsüber Unterhaltung. Und manchmal auch des Nachts.

Nach dem akademischen Glauben der Deutschen hat Max Weber herausgefunden, dass Ketzer nicht nur religiös, sondern auch wirtschaftlich besonders initiativ sind. Das ist der Heiligen Inquisition schon lange vorher aufgefallen. Bei weitem nicht alle Gefangenen der Heiligen Inquisition von Granada blieben nämlich müssig. Manche betätigten sich, quer durch Granada, als fliegende Händler und wurden dabei wohlhabend. Schliesslich, so begründeten sie das selber, müssten sie für sich und ihre Angehörigen sorgen. Die Kaufleute von Granada sahen gar keine Möglichkeit, die Geschäftstüchtigkeit der gefangenen Ketzer zu unterbinden. Doch forderten sie zu Recht, dass die Häftlinge der Heiligen Inquisition nicht länger von der Umsatzsteuer befreit bleiben dürften. Sie stünden ja, zu allen andern Privilegien hinzu, auch noch im Genuss »mietfreier Wohnung«.

Wer von euch hätte sich das träumen lassen? Doch es ist die historische Wahrheit: Die Heilige Inquisition von Granada ist die Erfinderin des Offenen Vollzugs.

»Immerwährendes Gefängnis« oder »unnachlassbares Gefängnis« galt, nächst der Hinrichtung, als strengste Strafe der Heiligen Inquisition. »Immerwährend« und »unnachlassbar« war juristisch nicht ganz das Gleiche. Aber das braucht uns nicht zu beschäftigen. Praktisch lief es auf das Gleiche hinaus. Da die Heilige Inquisition über die Einweisung und die Entlassung von Gefangenen exakt Buch führte, hat die neuere Forschung ebenso exakt berechnen können, dass »immerwährend« und »unnachlassbar« in der Regel auf drei Jahre hinauslief, höchstens auf dreieinhalb. Der Widersinn findet sich manchmal schon im Wortlaut des Urteils: »immerwährendes Gefängnis auf sechs Monate«.

Wohl hatte die spanische Krone bei der Errichtung der Modernen Inquisition die Verpflichtung übernommen, den Bau von ausreichenden Gefängnissen zu besorgen. Doch dies blieb Papier. Selbst in jenen Inquisitionsdistrikten, die Gefängnisse hatten, waren sie so klein, dass die meisten Verurteilten gar nicht untergebracht werden konnten. In der Regel wurden sie in Klöster oder Krankenhäuser eingewiesen. Andere bekamen Hausarrest bei wohlgläubigen Verwandten oder Freunden. Und nach drei Jahren war's vergessen.

Im Jahr 1718 hatte die Suprema in Madrid das Recht, Urteile zu verkünden, für ganz Spanien an sich gezogen. Für zwei Ketzerinnen in Barcelona verordnete sie lebenslange Haft. Gegen dieses Urteil aus Madrid erhob wiederum die Inquisition von Barcelona den schriftlichen Einwand, sie habe gar kein Gefängnis, in dem sie die beiden Frauen unterbringen könne, auch kein Gefängnispersonal. Nach langem postalischem Hinundher einigte sich die Suprema mit den Inquisitoren darauf, für die beiden zu lebenslänglicher Haft verurteilten Frauen in Barcelona ein Wohnhaus anzumieten.

Etwas anders waren die Verhältnisse in Córdoba. 1820 beschwerte sich dort der städtische Gefängnisdirektor beim Magistrat, seine Gefangenen seien in derart menschenunwürdigen, gesundheitsgefährdenden Verliesen untergebracht, dass er dringend um ihre Überführung in das kaum mehr genutzte Inquisitionsgefängnis bitte. Wörtlich: »Der Kerker der Inquisition ist sicher, sauber und geräumig. Zur Zeit hat er 26 Zellen, eine vollständig getrennte Abteilung für Frauen sowie Arbeitsplätze.«

So schön hatten es viele Gefangene bei den Vätern von der Heiligen Inquisition. Doch alle nicht. Weniger gut ging es den Inquisiten. Den Untersuchungshäftlingen, würde man heute sagen.

Sieht man ab von den allerersten Jahren der Modernen Inquisition, so waren die Inquisiten allerdings nie zahlreich. Eines der strikten Prinzipien der Heiligen Inquisition war es ja, erst dann zu verhaften, wenn die Vorwürfe hieb- und stichfest schienen. Das war nicht oft der Fall. Gewiss wurden alle Anzeigen ausführlich protokolliert. Ach, es gab nichts, was die Heilige Inquisition nicht höchst ausführlich protokolliert hätte, und sie hat mit der ameisenhaften Schreiberei, bei ihrem geringen Personalbestand, viel kostbare Zeit verloren. Doch beweisen minutiöse französische Untersuchungen der Inquisitionsregister von Toledo, dass höchstens in einem von zehn Fällen aus dem enormen Anzeigenprotokoll auch nur ein ganz kleines Verfahren wurde. Selbst von den wenigen, die dann noch verhaftet wurden, liess man nach dem Verhör jeden Dritten ohne Prozess wieder laufen.

Bei jenen, die in Untersuchungshaft blieben, kam alles auf das Geständnis an. Wer es nicht ablegte, musste, bei sehr schweren Vergehen, auf die Folterbank.

Erinnert euch an die stürmische Jugendzeit der Heiligen Inquisition in Toulouse. Jahrzehntelang haben sich die Dominikaner dort geweigert, Ketzer zu foltern. So tief sass in ihren frommen Seelen das schamvolle Bewusstsein, dass Folter etwas Unchristliches sei. Da jedoch nach mittelalterlicher Anschauung ein Urteil ohne Geständnis gar nicht möglich war und ein Geständnis ohne Folter die seltene Ausnahme, hat Papst Innozenz IV. schliesslich im Jahr 1252 die Bulle »Ad extirpanda« erlassen. Sie gestattete den Inquisitoren die Folter. Anders kamen die Ketzerprozesse nicht voran.

Die alte kastilische Inquisition, die sonst in fast allem der Inquisition von Toulouse folgte, hat sich den Gebrauch der Folter noch lange nach der Bulle von 1252 versagt. Jetzt, in der Modernen Inquisition, bewegte sich die Urteilsfindung schon auf den modernen Indizienprozess zu. Ein Geständnis war also nicht mehr unbedingt nötig. Auf einem Todesurteil ohne Geständnis lag aber immer noch ein peinlicher Makel. Auch gehörte zu einem Geständnis, dass der Ketzer die Namen seiner Komplizen preisgab. Da aber Denunziation damals als ebenso schändlich galt wie heute, war mancher dazu ohne Folter nicht zu bewegen.

Dass es dennoch, auch im Bewusstsein der Modernen Inquisition, etwas Peinliches, im Grunde etwas Unchristliches blieb, einen Inquisiten zu foltern, zeigt am besten der enorme Aufwand an Regeln, an Formalitäten und an Zeremoniell, der jede Folterung umgab.

Von vornherein untersagt war die Folter bei minderen Delikten, zum Beispiel bei Zauberei, Verführung im Beichtstuhl, Doppelehe, Gotteslästerung oder »ketzerischem Gerede aus Unwissenheit«. Bei schweren Vergehen ohne Geständnis mussten zuerst Anklage und Verteidigung ihre Argumente vortragen. Wenn dann in der Consulta, dem Gerichtsrat, die Meinung vorherrschte, weder die Schuld noch die Unschuld seien schlüssig bewiesen, so konnte die Folter angeordnet werden, aber auch dann nur, wenn sämtliche Richter diese Anordnung unterschrieben. Standes-Privilegien gab es nicht: Auch Adelige und Geistliche hat die Heilige Inquisition der Folter unterworfen.

Gegen die Anordnung der Folter stand aber jedem Angeklagten das Recht auf Berufung an die Suprema zu. Bei Minderjährigen (Inquisiten unter 25) musste ein Vormund zugegen sein, der ebenfalls Berufung einlegen konnte.

Und wenn es dann, nach aller juristischen Verzögerung, doch zur Folter ging? Dann war vorschriftsgemäss ein volles Expertenteam um die Folterbank zu versammeln: die beiden Inquisitoren, ein Vertreter des Bischofs, ein Notar für das, wie immer, höchst ausführliche Protokoll, ein Arzt oder wenigstens ein Feldscher. Am mühsamsten war es immer, einen vertrauenswürdigen Folterknecht zu finden. Meist war niemand anders zu bekommen als der städtische Henker. Der hatte gewiss viel Erfahrung im Foltern. Weltliche Erfahrung bei weltlichen Foltern. Die waren ungleich grausamer. Christliche Skrupel fand der Henker überflüssig; sie mussten ihm erst beigebracht werden.

So blieb es die Aufgabe der beiden Inquisitoren, sich persönlich zu überzeugen, dass die Stricke und Geräte keinen Knochenbruch und keine bleibende Verkrüppelung verursachen konnten und dass der Angeklagte zu keinem Zeitpunkt in Lebensgefahr geriet. Was dann mit ihm geschah, am Wippgalgen, auf der Folterbank und bei der Wassertortur, war grausam genug. Doch blieb ihm eine echte Chance. Etwa ein Drittel der Folterungen durch die Inquisition endete mit dem Erweis der Unschuld durch das Ertragen der Tortur.

Wie aber, wenn einer unter der Folter zusammenbrach und ein Geständnis ablegte? Dann konnte dieses Geständnis nur gegen ihn verwendet werden, wenn er es vierundzwanzig Stunden später ohne Folter wiederholte und unterschrieb. Es ist oft gesagt worden, das hätte sich keiner getraut, aus lauter Angst, erneut gefoltert zu werden.

O doch, das hat sich mancher getraut, zwar nicht die edlen Gesinnungstäter, aber die gerissenen Schurken wohl. Die Vorschrift wollte ja, dass dem Inquisiten zuerst die Folterwerkzeuge gezeigt würden, damit er eine letzte Gelegenheit bekomme, ein Geständnis abzulegen, ohne die Folter zu erleiden. Diese Rechtsordnung hatte einen sehr schwachen Punkt. Kaum wurden ihm die Folterwerkzeuge gezeigt, so gestand mancher alles Mögliche und noch einiges mehr. Vierundzwanzig Stunden später widerrief er alles. Ein paar Tage danach, wenn ihm die Folterwerkzeuge erneut gezeigt wurden, gestand er sofort alles wieder, um nicht auf die Folterbank zu kommen. Vierundzwanzig Stunden danach widerrief er erneut. Und trieb mit diesem immerzu wiederholten Spiel die Heilige Inquisition zur Verzweiflung. Bei so langwierigem Aufwand wird verständlich, dass die Heilige Inquisition von Toledo in den Jahren 1575 bis 1610 die Folter nachweislich nur in 32% der einschlägigen Fälle wirklich vollzog.

Der wahre Ketzer verwandte seine Energie nicht darauf, die »Folterknechte« der Heiligen Inquisition mit Verfahrens-Tricks zum Narren zu halten. Wahre Intelligenz gebot etwas ganz anderes: rechtzeitig abhauen. Über die Pyrenäen. Am besten über den Ärmelkanal. Abhauen vor der Folter. Vor allen Dingen: abhauen vor dem Scheiterhaufen.

Die Chancen dafür standen gut. Keinen Hochsicherheitstrakt à la Stammheim besass die Spanische Inquisition, keinen Horror-Käfig à la Guantánamo. All die technisch perfekten Überwachungsmittel, mit denen die Demokratien des 21. Jahrhunderts gefangene Extremisten in sicherer Verwahrung halten, haben der Spanischen Inquisition gefehlt. Wohl waren die Untersuchungsgefangenen im »Secretum« untergebracht, das heisst in jenem inneren Teil des Inquisitionsgebäudes, wo auch die Inquisitoren selber wohnten und wo die Akten verwahrt wurden. Diese Akten wurden aber nicht selten vor dem Prozess gestohlen. Manchmal auch verschwanden nicht die Akten, sondern der Inquisit selbst. Unsere bescheidenen Gefängnisse hatten noch Schlupflöcher. Vor allem waren unsere Wachen schlecht bezahlt und somit bestechlich.

Auf jenem grossen Autodafé von 1680 in Madrid, das ich euch geschildert habe, sind 18 (oder 19) Ketzer hingerichtet worden. Aber 34 Ketzer konnten nur als Strohpuppen verbrannt werden. Ihnen allen war die Flucht gelungen.

Der amerikanische Protestant Henry Charles Lea hat sein Leben damit verbracht, der Heiligen Inquisition den Prozess zu machen. Tausende von Seiten belastendes Material hat er zu diesem Zweck gesammelt. Doch dieses eine Geständnis hat er abgelegt, und zwar ohne Folter: »Die populäre Vorstellung, dass die Folterkammer der Inquisition ein Schauplatz raffiniertester Grausamkeiten, ganz besonders abgefeimter Quälereien und grösster Härte im Erpressen von Geständnissen sei, ist ein Irrtum, der auf das Konto von Sensations-Schriftstellern geht, welche die Leichtgläubigkeit der Leute ausgenutzt haben.«

Ebenfalls ohne Spanische Folterstiefel legt der britische Historiker Henry Kamen ein Geständnis ab, bei dem er recht eigentlich die Hosen der englischen Propaganda gegen Spanien fallen lässt: »Die von Feinden der Inquisition beschworenen blutrünstigen, sadistischen Szenen sind nur Legende.«

»Schwarze Legende« sagen dazu, noch heute tief erbittert, meine spanischen Freunde. Als Grossinquisitor verstehe ich ihre Erbitterung. Als Kenner der Kirchengeschichte aber halte ich den Ausdruck »Schwarze Legende« für unglücklich. Keine legenda negra war das, sondern, im Gegenteil, eine legenda blanca.

Habt ihr schon einmal das schöne Wappen der Stadt Köln gesehen? Auf weissem Grund zeigt es elf züngelnde Flammen. Das sind die elftausend Gefährtinnen der heiligen Ursula. Eine himmlische Prozession weissgekleideter Christinnen ist das. Alle elftausend haben einst, zusammen mit der heiligen Ursula, im heiligen Köln das blutige Martyrium erlitten. Von heidnischer Mörderhand.

Wenn es aber elftausend weissgekleidete Jungfrauen waren, warum sind es dann nur elf schwarze Flammen? Weil es eben in der frühen Legende erst elf Märtyrerinnen waren. Später sind daraus elftausend geworden. Dies nenne ich, in meiner Eigenschaft als Kirchen-Mathematiker, den Ursula-Faktor: Märtyrerzahlen werden bei uns grundsätzlich mit 1000 multipliziert.

Das ist aber bereits eine mittelalterliche Weiterentwicklung der antiken legenda blanca. Der antiken Christenheit mit ihrem römischen Zahlenwerk fehlte nämlich die arabische Ziffer 0. Deshalb waren der heilige Ambrosius und der heilige Augustinus nicht gut im Multiplizieren. Statt die – allerhöchstens – 10.000 realen Märtyrerinnen und Märtyrer der ersten vier christlichen Jahrhunderte mit einem mathematischen Faktor aufzuwerten, flüchteten sie in die theologische Poesie und wählten das schöne Bild von einem unendlich langen himmlischen »Heerwurm weissgekleideter Märtyrer«:

»Te martyrum candidatus laudat exercitus.«

So entstand die legenda blanca. Die Muslime haben sie übrigens von uns übernommen und kleiden ihre zahllosen Märtyrer auch in Weiss. Unsererseits bekamen wir im Mittelalter von den Muslimen die arabischen Ziffern, vor allem die 0, und konnten so den reichlich ungenauen antiken Märtyrer-Faktor ∞ kirchenmathematisch verbessern zum Ursula-Faktor 1000.

Doch siehe, es kam eine Zeit, der das nicht mehr genügte. Das 19. Jahrhundert. Da triumphierte ein neuer Glaube: Die Aufklärung. Die Menschenrechte. Die Geistesfreiheit. Jeder triumphierende neue Glaube braucht seine Märtyrer. Wo konnte das Jahrhundert der Geistesfreiheit seine Märtyrer finden? Dumme Frage! Nirgendwo anders als auf den Scheiterhaufen der Heiligen Inquisition.

So entsteht im 19. Jahrhundert eine immense Zahl von nachträglichen Romanen über die immensen Opfer der Heiligen Inquisition. Auch eine immense Fülle von zeichnerischen Illustrationen. Man sieht da meistens opulente Frauenleiber, die sich unter den perversen Pieksereien lüsterner Inquisitoren qualvoll winden. Doch das genügte dem 19. Jahrhundert verständlicherweise nicht.

Dies war ja das Jahrhundert der Zahlengläubigkeit. Der antike Märtyrer-Faktor ∞ ? Viel zu ungenau. Der Ursula-Faktor 1000? Mittelalterlich primitiv. Wie aber wäre es jetzt, im Zeitalter der Aufklärung, mit einem mathematisch exakten Märtyrer-Faktor?

1200 reale Märtyrerinnen und Märtyrer
mal Märtyrer-Faktor 79.166.66666666

Macht genau 95.000.000 Opfer der Spanischen Inquisition.

Als Kirchenmathematiker habe ich mir schon oft überlegt, was für einen Namen man diesem neuesten und grössten Märtyrer-Faktor geben könnte. Mein Vorschlag: Nennen wir ihn, zu Ehren des grossen französischen Aufklärers, den Voltaire-Faktor.

Wohl hat Voltaire schon im 18. Jahrhundert gelebt. Gerade deshalb ist er aber der Zieh-Vater der ganzen enormen Roman-Literatur über die enormen Verbrechen der Heiligen Inquisition geworden.

Im Jahr 1759 dichtete Voltaire seinen »Candide«, eine Satire gegen den christlichen Glauben an die Vorsehung Gottes. Es sollte der meistgelesene Roman des Jahrhunderts werden.

Von vornherein war Voltaire klar, wo die schwarze Serie göttlicher Ungerechtigkeiten, die sein allzu gläubiger Romanheld Candide erleiden sollte, zwangsläufig gipfeln musste. Natürlich auf einem riesigen Scheiterhaufen der Spanischen Inquisition.

Im letzten Augenblick fand Voltaire aber heraus, dass es in Spanien gar keine Autodafés mehr gab. Was tun? Auf sehr freien dichterischen Umwegen verfrachtet Voltaire seinen hilflos leidenden Candide aus Preussen über Holland um Spanien herum nach Portugal. Dort nimmt Candide sofort die allerletzte Chance wahr, doch noch verbrannt zu werden. Auf einem gewaltigen Autodafé der Portugiesischen Inquisition. Originalton Voltaire:

»Nach dem Erdbeben, das drei Viertel von Lissabon zerstört hatte, war den portugiesischen Gelehrten eine gute Idee gekommen, wie sie die völlige Zerstörung der Stadt verhindern könnten: Das gläubige Volk brauchte ein schönes Autodafé. So beschloss die Universität Coimbra, dass ein paar Leute geröstet werden sollten, auf kleinem Feuer, aber mit grossem Pomp. Dies sei ein unfehlbares Mittel gegen weitere Erdbeben.« Und so kam der arme, unschuldige Candide, gottseidank, doch noch zu seinem Scheiterhaufen. Und das 18. Jahrhundert zu seinem aufgeklärten Bestseller.

Tatsächlich hatte es 1759, als Voltaire seinen Roman schrieb, in Spanien schon seit 79 (neunundsiebzig) Jahren kein öffentliches Autodafé mehr gegeben. Natürlich glaubte Voltaire, das sei der ungeheuren moralischen Empörung im aufgeklärten Europa, in England zuerst und dann in Frankreich, zu verdanken gewesen. Der wirkliche Grund war so banal, dass ihn sich Voltaire gar nicht vorstellen konnte. Und auch ihr werdet es mir kaum glauben:

Der Grossinquisitor zögert.

Ein Autodafé konnten wir uns im Jahr 1759 finanziell nicht mehr leisten.

Ungläubiges Kopfschütteln im Saal.

Bei der Gelegenheit möchte ich etwas tun, was mir schon lange am Herzen liegt: Als Grossinquisitor möchte ich ein gutes Wort einlegen für die Schweiz. Allzu oft wird ja den Eidgenossen die Erfindung des Bankgeheimnisses zum Vorwurf gemacht, besonders laut und besonders hämisch von den Deutschen. Dieser Vorwurf beweist aber nur die abgrundtiefe religiöse Unbildung der Deutschen. Die wahre Erfinderin des Bankgeheimnisses ist gar nicht die Schweizerische Eidgenossenschaft, sondern die Spanische Inquisition.

Der Grossinquisitor flüstert. Alle spitzen die Ohren. Nur ein paar Handys klingeln noch.

Erstmals gebe ich jetzt das Bankgeheimnis der Heiligen Inquisition preis.

Mäuschen-Stille im Saal. Sogar die Handys horchen stumm.

Ich spreche von der Truhe mit den drei Schlössern!

So flexibel und mobil war die Moderne Spanische Inquisition, dass sich in den mehr als drei Jahrhunderten ihrer Geschichte so gut wie alles verändert hat. Doch eines blieb, vom Anfang bis zum Ende, unverändert gleich. Das war die »Truhe mit den drei Schlössern«. Genauer gesagt: unsere 17 Schatztruhen. Jeder der sechzehn Distrikte der Spanischen Inquisition, die überseeischen Inquisitionen nicht mitgezählt, hatte nämlich seine eigene Truhe mit drei Schlössern. Die Suprema in Madrid auch. Macht, kirchenmathematisch exakt, 17 Schatztruhen mit 51 Schlössern.

Einen der drei Schlüssel verwahrte ein Inquisitor, den zweiten der Kämmerer, den dritten der Sequesternotar. Nur zu dritt hatten sie Zugang zu der Schatztruhe. Im »Secreto«, im »Geheimraum«, war die Truhe mit den drei Schlössern besonders geheim verwahrt. Das war nötig. Zu viele Leute vermuteten, sie sei märchenhaft voll.

Einigermassen voll war sie tatsächlich in den allerersten Jahren nach der Gründung der Modernen Inquisition im Jahr 1481. Gütereinziehung gehörte ja zu den schwersten Strafen, welche die Spanische Inquisition verhängte. Die Katholischen Könige Ferdinand und Isabella hatten es dabei von Anfang an auf den Besitz der Conversos abgesehen, zwangsbekehrter Juden, die heimlich ihren alten Glauben weiter praktizierten. Darunter waren die wohlhabendsten Spanier, so dass sich die Konfiskation lohnte. Nicht nur für Ferdinand und Isabella, sondern auch für die Heilige Inquisition, der die Könige etwa ein Drittel der Einnahmen aus eingezogenen Gütern für ihre Betriebskosten überliessen. Schnell füllte sich die Kasse mit den drei Schlössern.

Doch ebenso schnell leerte sie sich wieder. Die Heilige Inquisition machte da nur die gleiche Erfahrung wie viele andere Behörden vor und nach ihr: Konfiskationen lohnen sich nur im Anfang, solange es um grosse Reichtümer geht. Danach, bei kleineren Vermögen, bleibt nach der Verwertung kaum etwas übrig. Zum Beispiel mussten nach spanischem Recht vom Erlös zuerst die Schulden des verurteilten Ketzers bezahlt werden. Ein Ketzer, der nicht ganz ahnungslos war, machte vor seiner Verhaftung hohe Schulden bei seinen allerbesten Freunden. Sodann blieb die Mitgift der Ehefrau oder Witwe unantastbar, wenn sie unschuldig war. Ehefrauen sind meistens unschuldig, Witwen immer. Die ganz normale Begehrlichkeit und Bestechlichkeit aller beteiligten königlichen oder städtischen Beamten, die kostenreichen Komplikationen des Verkaufs, dies alles liess die konfiszierten Werte zwischen den Fingern der Inquisitoren zerrinnen.

Schon zwanzig Jahre nach ihrer Gründung geriet die Heilige Inquisition in eine schwere finanzielle Krise.

Der Hof überliess ihr eine Weile die gesamten Einnahmen aus Konfiskationen. Doch das brachte nichts mehr. Stellen wurden eingespart, Gerichte zusammengelegt. Das brachte auch nicht viel. In höchster Not half nur der theologische Scharfsinn.

Was ist überhaupt eine Häresie?

Bisher war sie Verrat am Glauben, und gerade deshalb das schwerste aller Verbrechen. Wenn nämlich der Staat Münzfälscherei mit dem Tode bestraft, wieviel todeswürdiger ist dann das Verbrechen jener, die den Glauben verfälschen! Sagt der heilige Thomas von Aquin. So lässt sich die Hinrichtung von Ketzern sinnvoll begründen. Doch so kommt kein Geld herein.

Wie aber, wenn wir den Begriff der Ketzerei theologisch etwas weiter fassen als der heilige Thomas von Aquin? Dann könnten zum Beispiel auch Bigamisten, Quacksalber, Kartenleger, Gotteslästerer, ja überhaupt jeder, der im Suff etwa Dummes über den Klerus sagt, als Ketzer belangt werden. Fast jeder sagt im Suff etwas Dummes über den Klerus und begeht so die Straftat der »Ketzerei aus Unwissenheit«. Ein anderer sagt im Suff etwas Lästerliches über die christliche Ehe. Man kann ihn deshalb weiss Gott nicht gleich verbrennen. Aber eine saftige Geldbusse hat er schon verdient. Oder nicht?

Wie in jedem akademischen Beruf gibt es auch unter uns Inquisitoren Tüchtige und Untüchtige. Und wie überall sind auch bei uns die Untüchtigen die Geschäftstüchtigen. Während die tüchtigen Inquisitoren weiterhin der knochenharten Arbeit nachgehen, wahre Ketzer aufzuspüren, ziehen die geschäftstüchtigen Kollegen jetzt munter von Dorf zu Dorf. Fast so schnell, wie andere Priester im Beichtstuhl Sünden vergeben, urteilen sie Peanuts-Ketzereien am laufenden Band ab. Fast all die bäuerlichen Mini-Ketzer zahlen gern, wenn nur der grauenhafte Pater rasch weiterzieht. Dieser ruhmlose, aber einträgliche rurale Wanderbetrieb dürfte, nebenbei gesagt, einer der Gründe gewesen sein, warum 1557 in ganz Toledo kein Beamter der Heiligen Inquisition aufzutreiben war.

Eben jene masslose Aufregung um das protestantische Flugblatt von 1557 half uns jedoch ganz unverhofft, unsere elenden Finanzen endlich zu sanieren. In seiner Protestanten-Hysterie sorgte der König nämlich für eine päpstliche Anordnung, wonach jedes spanische Domherrenkapitel die Einkünfte aus jeweils einer Domherren-Pfründe an die Heilige Inquisition abzuführen habe.

Fast über Nacht füllten sich die Truhen mit den drei Schlössern. Zum ersten Mal seit achtzig Jahren – achtzig Jahre der Inflation! – konnten wir unsere Gehälter erhöhen. Der alberne Wanderzirkus mit den Peanuts-Ketzereien hörte auf. Fast alle Inquisitoren leisteten wieder echte Arbeit in der Ketzerverfolgung. Dank gesicherter Finanzierung erlebte so die Spanische Inquisition in den letzten Jahrzehnten des 16. Jahrhunderts ihre Blüte.

Es ist in der Religion wie in der Kunst. Die Zeiten der Blüte sind kurz, die Zeiten der Dekadenz sind lang.

Manchmal kommt ein Historiker und will mich trösten. Die spanische Landwirtschaft sei im 17. Jahrhundert zusammengebrochen, damit auch die Erträge der Domherrenpfründen. Dieser Verlust ihres ohnehin schmalen Basiseinkommens habe die Heilige Inquisition zerrüttet.

Da ist was Wahres dran. Aber nicht sehr viel. Als Grossinquisitor habe ich stets die volle Wahrheit inquiriert. Nicht nur bei den Ketzern, sondern auch bei mir selbst. So tief es mich beschämt, will ich doch die volle Wahrheit offen bekennen:

Die Spanische Inquisition, sonst so effizient, so genial in ihrer Strategie, hat im Umgang mit dem Geld jämmerlich versagt.

Den Inquisitoren selber ist nicht viel vorzuwerfen. Wenige waren korrupt. Doch auf den Planstellen unmittelbar unter ihnen blühte von Anfang an die kreative Finanzwirtschaft. Da sassen nämlich Laien. »Mündige Laien« im Sinne des Zweiten Vatikanischen Konzils. Sie taten, was sie wollten.

Nehmen wir den Alguacil, den Büttel. Es fällt auf, dass er mehr verdiente als die Inquisitoren selbst. Lag das daran, dass er, als mündiger katholischer Laie, für eine vielköpfige Familie sorgen musste?

Nein. Vielerorts unterstand dem Alguacil, dem Büttel, auch das Gefängnis. Aus seinem Monatsgehalt musste er den ganzen Gefängnisbetrieb finanzieren. Begreift ihr jetzt, wie es zum Offenen Vollzug bei der Inquisition von Granada kam? Der Alguacil hatte jedes Interesse, dass seine Strafgefangenen sich mit eigenen Geschäften selber finanzierten. So lagen sie ihm nicht auf der Tasche. An die Umsatzsteuer hat er dabei leider nicht gedacht.

Im Vergleich zum Alguacil war der Kämmerer – der Schatzmeister – elend schlecht bezahlt. Trotzdem war der Job sehr begehrt. Wer einmal auf der Truhe mit den drei Schlössern sass, der hatte es gut.

Warum? Er konnte sie doch allein gar nicht aufmachen! Das war ihm aber ganz recht. Solange er nichts rausnehmen konnte, konnte er auch nichts reintun.

Den ganz grossen Schlüsselbund hatte, wie der Name sagt, der Grossinquisitor. Wenn er durch die sechzehn Distrikte Spaniens ritt, stiess er überall auf den gleichen schmählichen Zustand: Die Truhe mit den drei Schlössern war fast leer, obwohl aus dem Kassenbuch klar hervorging, dass gehörig Geld hereingekommen war. Wo war der ganze Zaster nur?

Überall. Links von der Truhe, rechts von der Truhe, hinter der Truhe, unter der Truhe, rund um die Truhe. Nur nicht in der Truhe selbst. Dabei hatte der Schatzmeister kein schlechtes Gewissen. Dies war ja die Moderne Inquisition, und so fühlte er sich, hochmodern, als subcontractor der Heiligen Inquisition. Was heisst das?

Sobald Geld reinkam, wirtschaftete der Kämmerer erst einmal selber damit. Ganz privat legte er das Geld an. Ihr würdet heute sagen: Er lagerte das Geld der Heiligen Inquisition aus. Natürlich nur provisorisch. Aber wie die Franzosen sagen: »Il n'y a que le provisoire qui dure«. Nichts dauert so lang wie ein Provisorium. Starb der Kämmerer, so war die Heilige Inquisition jahrelang damit beschäftigt, von seinen Erben die provisorisch ausgelagerten Gelder einzufordern.

Mehrfach hat die Suprema den König von Spanien gebeten durchzugreifen. Der König tat nichts, er wunderte sich im Gegenteil, warum sich die Heilige Inquisition über so etwas aufregte. Seine eigenen Schatzmeister trieben es schlimmer.

Der Streit mit den Erben des Kämmerers sollte sich jedoch bald erledigen. In unserer finanziellen Verzweiflung kamen wir nämlich auf die fatale Idee, die Planstellen unterhalb der Inquisitoren an mündige Laien zu versteigern. Sie boten viel, unsere mündigen Laien. So viel, dass wir beim Zuschlag meist auch Ratenzahlung zugestehen mussten. Am meisten geboten wurde natürlich für die Stelle des Schatzmeisters. Der konnte dann auch die Raten am leichtesten zurückzahlen.

Hatte so ein mündiger Laie einen Haufen Geld für die Ersteigerung seiner Planstelle ausgegeben, so wollte er sie natürlich behalten. Nicht nur für sich, sondern auch für seinen unmündigen Sohn. Für seinen unmündigen Enkel. Und warum nicht für seinen noch viel weniger mündigen Urenkel? So wurde es bei der Heiligen Inquisition üblich, Planstellen, wörtlich so, »auf vier Leben« zu versteigern.

Wie aber, wenn der mündige Laie starb, ohne einen unmündigen Sohn gezeugt zu haben? Dann ging seine Planstelle bei der Heiligen Inquisition über ins Wittum seiner Witwe. Die hatte es gut. Von Freiern war sie umschwärmt.

Frauen-Power in der Heiligen Inquisition? Um dieser wachsenden Gefahr vorzubeugen, entschied die Suprema 1641, dass nur Bräute Ämter in der Heiligen Inquisition kaufen durften, jede nur ein Amt und dies nur für ihren Bräutigam.

Die Suprema schritt auch ein, als im Jahr 1710 das Amt des Schatzmeisters bei der Heiligen Inquisition von Valencia erblich überging auf einen zwölfjährigen Knaben. Zwei Jahre müsse der Junge schon noch warten. Und so sass, bald danach, ein vierzehnjähriger mehr oder minder mündiger Laie auf der Truhe mit den drei Schlössern in Valencia.

Während sich so auf den mittleren Planstellen, wie heute in den deutschen Bistümern, ein regelrechter Speckgürtel entwickelte, geriet das untere Drittel unserer Mitarbeiter ins bittere Elend. Schonungslos legt ein Suprema-Bericht aus der Mitte des 17. Jahrhunderts dar, dass die untersten Mitarbeiter draussen in der Provinz nicht selten vor dem Inquisitionsgebäude auf der Strasse sässen und bettelten, weil die Heilige Inquisition mit den Löhnen um viele Monate im Rückstand war. In dieser Notlage seien die Hilfskräfte im Gefängnis »jeder Versuchung ausgesetzt«.

Aber nicht nur zuunterst wurde gebettelt, sondern auch zuoberst. Nicht dass wir mit unseren eigenen Bezügen in der Suprema im Rückstand waren, das nun doch nicht. Auch für das Gehalt des Grossinquisitors – doppelt soviel wie für die andern – hat es, das muss ich sagen, immer gereicht.

Nicht mehr gereicht hat es, um auch nur den elementaren Betrieb der Heiligen Inquisition aufrechtzuerhalten. So endeten unzählige Krisensitzungen der Suprema alle nur mit der einen, bedrückenden Einsicht: Wir mussten sparen. Wir mussten Ausgaben und Kosten senken. Mit einem modernen Wort: Wir mussten rationalisieren.

Und jetzt, meine Damen und Herren, eine Preisfrage für alle jene unter Ihnen, die schon mal mit dem Gedanken gespielt haben, Inquisitor zu werden:

Wie rationalisiere ich ein Autodafé?

Am nächsten liegt der Gedanke, dass ein Christenmensch andere Menschen so selten als möglich verbrennen sollte. Auch die Mitglieder der Suprema waren Christen. Schon 1568 diskutierten wir, ob es nicht möglich wäre, auf öffentliche Autodafés überhaupt zu verzichten. Dies wurde aber abgelehnt mit der Begründung, dass eben doch gelegentlich Todesurteile unumgänglich würden. Bei den viel diskreteren »privaten Autodafés«, die hinter geschlossenen Kirchentüren stattfanden, durften aber Bluturteile aus kirchenrechtlichen Gründen nicht gefällt werden.

Wir mussten draussen bleiben. Für die gewaltige Zeremonie des öffentlichen Autodafés hatten wir aber schlicht kein Geld mehr. Uns blieb nichts anderes übrig, als möglichst wenig Todesurteile zu fällen und auch dann die Autodafés von Jahr zu Jahr hinauszuschieben. So fand in Sevilla von 1648 bis 1656 kein Autodafé mehr statt, in Valladolid keins von 1644 bis 1667, in Barcelona keins von 1627 bis 1640. Die Bevölkerung nahm uns das übel. Den wirklichen Grund ahnten die Leute nicht. Autodafés sind sündhaft teuer. In Sevilla, in Barcelona, in Valladolid waren die Truhen mit den drei Schlössern hoffnungslos leer.

Die nächste Idee, auf die wir in unseren Rationalisierungs-Konferenzen kamen, war das Sammel-Autodafé. Verschiedene Distrikte sammelten über Jahre ihre teuren Todeskandidaten – oder wenigstens deren Strohpuppen – und verwahrten sie so füreinander auf. Ein solches Sammel-Autodafé veranstalteten zum Beispiel 1651 die Heiligen Inquisitionen von Toledo, Cuenca, Córdova und Sevilla im Verein. Das brachte erhebliche Synergie-Effekte. Doch kam es auch zu unwürdigen Vorgängen.

Als die Heilige Inquisition von Valencia 1635 hörte, in Valladolid plane man ein Autodafé, erinnerte sie sich daran, dass sie seit Jahren schon einen verstockten Scheinchristen – einen rückfälligen Muslim – in Verwahrung hielt, den sie, mangels Geld für ein eigenes Autodafé, selber nie hatte hinrichten können. Sie bat deshalb die Suprema in Madrid, den Todgeweihten nach Valladolid umzuschreiben. Das Gesuch wurde genehmigt, der Scheinchrist ausgeliefert. Inzwischen aber waren auch der Heiligen Inquisition von Valladolid die finanziellen Sorgen über den Kopf gewachsen. Das langgeplante Autodafé musste wieder abgeblasen werden. Der verstockte Scheinchrist blieb, auf seine Verbrennung wartend, im Inquisitionsgefängnis von Valladolid sitzen. Nach drei Jahren war er immer noch so lebendig und leider auch so verstockt wie zuvor. 1638 kam dann die erleichternde Nachricht, die Heilige Inquisition von Saragossa habe endlich die nötigen Mittel für ein Autodafé zusammengekratzt. Ab ging es mit dem verstockten Scheinchristen nach Saragossa. Dort verliert sich seine Akten-Spur. Alles spricht dafür, dass seine Kerkertür in Saragossa eines Nachts, wie zufällig, offenblieb.

Aber nicht nur das Volk nahm uns übel, dass wir ihm das grosse, furchterregende Schauspiel vorenthielten. Mehr noch zürnte uns der König. Das durfte nicht sein, Spanien ohne Autodafé! Immer drängender, immer unmutiger kam König Karl II. auf dieses Ansinnen zurück. Uns blieb nichts anderes übrig, als zu gehorchen. So fand es statt, jenes grosse Autodafé von 1680, das ich euch geschildert habe.

Es wurde das prächtigste Autodafé, das Spanien je erlebt hatte. Doch es war auch schon das totale Sammel-Autodafé. Sämtliche Inquisitionen von Spanien hatten, mit einem Seufzer der Erleichterung, alle ihre lästigen Todeskandidaten nach Madrid abgeschoben. Und alle ihre Strohpuppen dazu.

Worüber der Grossinquisitor wohl gepredigt hat, in seinem Purpurgewand auf der Kanzel hoch über dem königlichen Balkon? Vermutlich, wie immer in solchen Fällen, über Schuld und Sühne. Interessanter wäre zu wissen, woran er gedacht hat. Ich kann euch das zuverlässig sagen. Eine einzige Frage hat ihn bewegt:

Wer soll das bezahlen? Wer hat so viel Geld?

Das Super-Autodafé von 1680 hat die Heilige Inquisition finanziell ruiniert. Nicht nur auf Jahre, sondern auf Jahrzehnte. Kein einziges öffentliches Autodafé haben wir uns in Spanien danach noch leisten können. So brachten wir Voltaire in die Verlegenheit, seinen Todeskandidaten Candide auf dem Seeweg umleiten zu müssen, um Spanien herum nach Lissabon.

Von einem freilich blieb Voltaire stets überzeugt, und noch heute glaubt ihr es alle: Die englische und die französische Aufklärung, mit ihrem Trommelfeuer ungeheurer Empörung, habe die Spanische Inquisition moralisch so in die Knie gezwungen, dass sie sich einfach nicht mehr getraute, weitere unschuldige Märtyrer der Geistesfreiheit auf ihre schmachvollen Scheiterhaufen zu binden.

Ich nehme das Voltaire nicht übel. Ein so erfolgreicher Spekulant, ein Multimillionär wie Voltaire konnte es gar nicht erraten, das Bankgeheimnis, das der letzte Grossinquisitor, Gerónimo Castellon y Salas, am 20. April 1835 mitnahm in sein Grab:

Wir waren pleite. Unsere schönen 17 Truhen mit all den schönen 51 Schlössern waren allesamt gähnend leer.

Der Grossinquisitor tritt ab.

4. Rede des Grossinquisitors

Die Heilige Inquisition hatte recht.

Der Grossinquisitor tritt auf und spricht:

»Videtur quod non«, sagt ohne Unterlass der heilige Thomas von Aquin. Das heisst auf deutsch: Deinen eigenen Standpunkt darfst du erst vertreten, nachdem du die stärksten Argumente deiner Gegner selber vorgetragen hast, und dies, nach Möglichkeit, noch überzeugender als jene selbst.

Das stärkste Argument meiner Gegner heisst Galileo Galilei. Ihn hat die Römische Inquisition vor aller Welt in die Knie gezwungen. Er ist ihr weitaus berühmtestes »Opfer«.

Soll ich ihn so sympathisch darstellen, wie Sabatello ihn gemalt hat? Der junge Galileo 1583 im Dom zu Pisa. Während alle andern um ihn herum nur den Rosenkranz leiern oder vor Heiligenbildern knien, steht der 19jährige geniale Forscher aufrecht mitten in der Kathedrale. Er hebt das flaumige Kinn, gebannt bleibt sein heller Blick haften an der Sakramentslampe.

Si muove! Sie bewegt sich!

Mitten im Dom zu Pisa beobachtet der junge Galileo Galilei die Pendelschwingung. Bewegung ist das Grundgesetz der Welt! Wider alle starre Tyrannei ist sie auch das Grundgesetz des freien menschlichen Geistes. In Galileo Galilei hat er sich für alle Zeit verkörpert.

Oder soll ich Galilei so erschütternd porträtieren wie der deutsche Historienmaler F. L. Mayer in jener bekannten Radierung, die den lapidaren Titel »Kerkerszene« trägt? Galileo Galilei gefangen tief unten im düsteren Verlies der Römischen Inquisition. Neben ihm ein Krug Wasser, ein Bündel Stroh. Durchs Gitter grinsen höhnisch die Foltermönche der Heiligen Inquisition. Den Mantel angstvoll um sich schlingend, duckt sich der geniale Astronom im hintersten Winkel seines Kerkers. Worauf blickt er so verstört? Vermutlich auf die vielbeschworenen Folterwerkzeuge der Heiligen Inquisition.

Ab wendet sich der Blick mit Grausen und hin zu jenem dritten Bild, das, berühmter noch, lange Zeit Murillo zugeschrieben wurde und fast allen späteren Malern als Vorlage diente. Es zeigt den greisen Gelehrten am 22. Juni 1633, im Augenblick tiefster Demütigung. Soeben haben die Schergen der Heiligen Inquisition den weltberühmten Astronomen gezwungen, niederzuknien und das Urteil der Infamie als sein eigenes Geständnis vorzulesen: »Ich, Galileo, Sohn des Vincenzio Galilei aus Florenz, siebzig Jahre alt, knie vor Euch Eminenzen Inquisitoren gegen die Verworfenheit der Ketzerei. Von Rechts wegen war mir von diesem Heiligen Amt auferlegt worden, jene falsche Meinung völlig aufzugeben, dass die Sonne der Mittelpunkt der Welt sei und sich nicht bewege, dass die Erde hingegen nicht der Mittelpunkt der Welt sei und sich im Gegenteil bewege.«

Kniefällig, so liest er weiter vor, bereue er es jetzt, dennoch immer weiter jenen Irrtum, dass sich die Erde um die Sonne drehe, verbreitet zu haben. »Daher schwöre ich aufrichtig und ungeheuchelt ab, verwünsche und verfluche jene Irrtümer und Ketzereien.« Dreimal muss er wiederholen: »Ich, Galileo Galilei, schwöre ab.« Und: »Dass Gott mir helfe und seine Heiligen Evangelien, die ich mit den Händen berühre.«

Ganz so aktengetreu hat Murillo die Szene freilich nicht gemalt. Vielmehr zeigt er Galileo Galilei, wie er, ungebrochen noch im Augenblick der schändlichen Erniedrigung, die Hand hebt und mit dem Finger hinzeigt auf den Satz, der so berühmt werden sollte wie er selbst: »Eppur si muove. Und sie bewegt sich doch.«

Ein Moment von epochaler Theatralik. Da unterwirft sich die Heilige Römische Inquisition den grössten Forschergeist des

Jahrhunderts. Vor aller Welt zwingt sie ihn in die Knie. Und merkt nicht, dass sie, in diesem Augenblick des tyrannischen Triumphs, in Wirklichkeit nichts anderes inszeniert als ihre eigene unsterbliche Blamage. Sie begeht den einzigen Fehler, den sie niemals begehen durfte. Ihren Anspruch, die Wahrheit unfehlbar zu besitzen, macht sie in diesem Augenblick erstmals überprüfbar: »Eppur si muove.«

So manches freche Ketzerlein mag sie ins gelbe Büsserhemd gesteckt haben, weil er's gewagt hatte, Witze zu reissen über die Jungfräulichkeit der Himmelskönigin Maria. Sie mag, Johannes Calvin vergleichbar, den einen oder andern grossen Ketzergeist verbrannt haben, weil er die Allerheiligste Dreifaltigkeit trotzig leugnete. Die Jungfräulichkeit Mariens und die Allerheiligste Dreifaltigkeit haben etwas gemein: Sie sind empirisch nicht überprüfbar.

Doch dies ist etwas anderes. Ob die Erde um die Sonne sich drehe oder die Sonne um die Erde, das war gewiss im Jahr 1633 noch nicht wissenschaftlich überprüfbar. Doch alle wussten schon, selbst die Heilige Inquisition musste wissen, dass dies grundsätzlich überprüfbar war. Dass es schon bald zuverlässig überprüfbar würde, lag 1633 in der Luft. Und damit die grösste Blamage, die eine unfehlbare klerikale Obrigkeit je erlitten hat: Sie hat ihre Unfehlbarkeit überprüfbar gemacht. Empirisch überprüfbar. Und siehe, sie war fehlbar.

Die Schande der Heiligen Inquisition ist die Glorie Galileo Galileis. Mögen ihn die Foltermönche jenes unmenschlichen Tribunals einen Augenblick in die Knie gezwungen haben, so steht er doch für alle Zukunft aufrecht vor uns. In ihm verkörpern sich jene beiden Ideale, mit denen die Moderne die mittelalterliche Dunkelmännerei überwunden hat: Freiheit des Denkens und – untrennbar mit ihr verbunden – freie, unvoreingenommene Erforschung der Wahrheit.

Soweit, ganz im Sinne des heiligen Thomas von Aquin, das stärkste Argument meiner Gegner: Galileo Galilei.

Und jetzt meine Entgegnung.

Ich beginne mit der frei erforschbaren Wahrheit, und zwar mit einer Wahrheit, die nebensächlich scheinen mag, die aber historisch besonders leicht überprüfbar ist: Galileo Galilei hat nie in einem Kerker der Heiligen Inquisition geschmachtet. Und nicht einen Augenblick wurde er gefoltert.

Wohl wurde er »ad formalem carcerem« verurteilt. Mit »Proforma-Gefängnis« ist das bestens übersetzt. Selbst während jener wenigen Tage des Prozesses, die er, zuerst im Frühling, dann im Sommer 1633, im Palast der Römischen Inquisition verbringen musste, hat er nicht in einem Folterkeller bei Wasser und Brot gesessen. Der Fiskal, einer der höchsten Beamten der Römischen Inquisition, hat ihm eine ganze Flucht schöner Zimmer in seiner privaten Wohnung überlassen. Sein eigener Diener hat ihm dort den Tisch gedeckt – nicht aus dem Blechnapf, sondern aus der Küche der florentinischen Botschaft. Sie stand im Ruf, die beste von ganz Rom zu sein.

Kein Wunder, dass Galileo Galilei es vorzog, die meiste Zeit seines Prozesses im Palazzo Medici, in der florentinischen Botschaft oben an Santa Trinità dei Monti, zu logieren, wo der Botschafter sich alle Mühe gab, das berühmte Opfer der Heiligen Inquisition aus Küche und Keller persönlich zu verwöhnen. Mittags im Palast, abends im Park. Bei Wein, Weib und Gesang.

An Folter kein Gedanke. Auch wenn in den Prozessakten das Wort »territio verbalis« steht: »Androhung der Folter«. Sie konnte diesen Angeklagten nicht einschüchtern. Nicht etwa nur, weil Galilei wusste, dass die Heilige Inquisition mit der Folter unvergleichlich vorsichtiger umging als weltliche Gerichte. Der Sachverhalt ist banaler: Galilei war fast siebzig. Und es gehörte zu den strikten Regeln der Römischen Inquisition, einen Menschen über sechzig keiner Folter zu unterwerfen. Nur »verbal angedroht« werden durfte sie ihm, mehr nicht.

Nach seiner Verurteilung dann hat die Heilige Inquisition Galilei als Proforma-Gefängnis den bischöflichen Palast von Ascanio Piccolomini in Siena zugewiesen. Piccolomini war einer seiner treuesten Freunde. Beendet hat er seine Kerkerjahre eine Meile vor seiner Heimatstadt Florenz, mitten in den Weinbergen der Toskana, in seiner privaten Villa, die nicht umsonst den Namen »Il Giojello« trug: »Das Juwel«. Proforma hatte er dort Besuchsverbot. Einer der ersten von vielen, die ihn gleich besuchten, war Cosimo II., der Grossherzog von Toskana, höchstselbst. Es folgten, unter manchen anderen, aus England John Milton und Thomas Hobbes, aus Frankreich Descartes. Nach Horchern und Spionen der Heiligen Inquisition hat keiner von ihnen sich ängstlich umgeschaut.

Nebensächlichkeiten? Es gehört zur rhetorischen Falschmünzerei meiner Feinde, die Heilige Inquisition in einem Atemzug zu nennen mit so unheiligen Institutionen wie Gestapo und KGB. Es frage einer Carl von Ossietzky, den deutschen Nobelpreisträger, ob er es als Nebensächlichkeit geringgeschätzt hätte, nicht im KZ gefoltert, sondern in der Villa Medici verwöhnt zu werden. Es frage einer die namenlosen Häftlinge, die im Archipel Gulag verhungert und erfroren sind, ob sie nicht ein Juwel von Villa in den Weinbergen der Toskana als Proforma-Gefängnis vorgezogen hätten.

Nebensächlichkeiten? Es gibt Nebensächlichkeiten, die stracks hineinführen in die Hauptsache: Das römische Tribunal, das den Angeklagten Galileo Galilei so milde behandelt hat, war eine Inquisition mit menschlichem Gesicht. Nicht abstrakt und übertragen meine ich das, sondern konkret und persönlich: Das Gesicht des Inquisitors, in das der Angeklagte Galileo Galilei blickte, war das Gesicht des heiligen Robert Bellarmin.

Obwohl er das Ende der jahrzehntelangen Auseinandersetzung nicht mehr erlebte, hat der heilige Robert Bellarmin das gesamte Verfahren gegen Galileo Galilei persönlich geprägt. Es gab aber in ganz Rom keinen Menschen mit weiterem Horizont, mit grösserer Vorsicht im Urteil als diesen Jesuiten. Papst Clemens VIII. nannte ihn einen Menschen »von Bildung ohnegleichen«. Zu

Recht hat die Kirche diesen grossen Inquisitor heiliggesprochen.

In Löwen hatte Bellarmin studiert. Nicht weil es den Toskaner nach Flandern zog. Doch er wollte möglichst nahe bei den Protestanten sein. Alles, was sie schrieben, wollte er lesen, alles über sie wissen. Dann schrieb er seine »Kontroversen«. Die drei Bände sind eine so brillante Auseinandersetzung mit den protestantischen Argumenten, dass ihre Lektüre in den reformatorischen Ländern streng verboten wurde. Als das nichts nützte, wurden an vielen protestantischen Universitäten regelrechte »Anti-Bellarmin-Lehrstühle« errichtet. So sehr haben die Protestanten diesen Heiligen gefürchtet. Dabei war er überhaupt nicht aggressiv. Doch er war überzeugend. »Zu versöhnlich« sei Robert Bellarmin, hiess es in Rom.

Mehr noch als die Protestanten haben die katholischen Fürsten Europas das überlegene Urteil des sanften Jesuiten gefürchtet. Dies war ja, von Paris bis in die deutschen Kleinstaaten, die Zeit der absoluten Monarchie. Bellarmin hielt nichts davon. Nicht nur bei Königen und Fürsten, auch beim Papst höchstselbst hat er sich unbeliebt gemacht mit seinem Plädoyer für die Demokratie: »Sicherlich zieht alle Welt eine Regierungsform vor, an der jeder einen Anteil hat, und eine solche Form ist auch wohl die einzige, die ich vorschlagen möchte. Denn nicht die Geburt, sondern die Befähigung eines Menschen soll zählen.«

Der demokratischen Courage des Inquisitors Bellarmin entsprach seine wissenschaftliche Offenheit. Wenn die Nacht hereinbrach über Rom, zog es ihn ins Collegio Romano, hinauf in die Sternwarte der Jesuiten. Mit einigen der besten Astronomen Italiens hat er dort nächtelang durch die neuen Fernrohre geschaut. Alles wollte er wissen über die Entdeckung der Sonnenflecken durch den Ingolstädter Jesuiten Christoph Schreiner. Nicht zu jahrtausendealten Legenden über Sonne, Mond und Sterne zog es Bellarmins offenen Geist, sondern zu den neuesten Entdeckungen der Astronomie.

Das war der heilige Robert Bellarmin, das menschliche Gesicht der Heiligen Inquisition. Und jetzt – diesseits alles späteren Heldenkults – das menschliche Gesicht des Angeklagten Galileo Galilei. Das Gesicht, in das der Inquisitor Bellarmin forschend blickte, als die beiden, vermutlich schon im Jahr 1610, das erste ihrer langen Gespräche miteinander führten.

In diesem Jahr 1610, das bezeugen alle, befand sich Galileo Galilei in einem Zustand hochgradiger Erregung. Nicht nur innerlich, sondern auch in seiner äusseren Art, zu reden und sich zu gebärden. Soeben hatte er ein kleines Heft mit dem Titel »sidereus nuncius« veröffentlicht: »Der Sternenbote«. Das klingt nach harmlosem Almanach. Noch harmloser war die Auflage: 550 Stück. Doch zu Recht hat man die Wirkung jener winzigen lateinischen Druckschrift verglichen mit der Faszination, die Hunderte von Millionen Menschen im 20. Jahrhundert erfasst hat, als sie im Fernsehen Zeugen wurden, wie der erste Mensch auf dem Mond landete.

Schon das Titelblatt versprach »magna, longeque admirabilia spectacula«. Das heisst auf deutsch: »grosse Sensationen«. Doch die eigentliche Sensation war absichtsvoll im Inneren verschlüsselt. Wer nur ein bisschen Latein konnte, der verstand, dass Galileo Galilei »perspicilli nuper a se reperti« – mit dem »neulich von ihm erfundenen Fernrohr« – den Beweis erbringe, dass nicht die Sonne sich um die Erde, sondern im Gegenteil die Erde sich um die Sonne drehe.

Ungeheuer war die Aufregung im gebildeten Europa. Am aufgeregtesten aber war Galileo Galilei selbst. 46 Jahre alt war er im Jahre 1610. Ein vorgerücktes Alter in jener Zeit. Wie stand es um seine Karriere?

Gewiss, er war kein namenloser Gelehrter, wie sie heute die deutschen Universitäten zu Tausenden füllen. In Pisa und in Padua war er Professor gewesen, in Florenz und in Venedig hatten seine Vorträge Beachtung gefunden. Privatlehrer des Erbprinzen von Toskana war er sogar geworden. Nicht zuletzt hatte er die »Bilancetta« erfunden – eine Waage für spezifische Gewichte. Respektabel, gewiss. Doch das war nicht jener Ruhm, nach dem ihn so dürstete wie jeden Gelehrten der Renaissance. Da ihm wirklicher Ruhm fehlte, steckte er auch in Geldnöten. Dabei war er schon 46.

Und jetzt mit einem Mal der grosse Scoop des »Sternenboten«. In ganz Europa ein »Ausbruch der Gefühle«. Für ihn selbst der Rausch globalen Ruhms. Und das grosse Geld: Gleich wird der Astronom »Erster Mathematiker und Philosoph des Grossherzogs von Toskana«. Mit einem Jahresgehalt von tausend Florentiner Scudi.

Rauschender noch der Empfang in Rom, als Galilei im Frühling 1611 dort eintraf. Von Salon zu Salon reichte sich Roms feinste Gesellschaft das neue Genie aus Florenz begeistert weiter. Höhepunkt war ein Fest im Quirinalspalast, zu dem Kardinal Baldini die höchsten geistlichen und weltlichen Würdenträger der Stadt eingeladen hatte. Als dann die Nacht hereinbrach über dem Quirinal, stellte Galileo draussen im duftenden Garten das »von ihm erfundene Fernrohr« auf. Da war des Staunens kein Ende mehr. Mit eigenen Augen sahen die feinen Damen – oh! – die dunklen Flecken im Mond, die erlauchten Prälaten – ah! – die hellen Nebel weit draussen im All.

Der Heilige Vater selbst, Papst Paul V., begehrte, dem neuen Star der Sterne persönlich zu huldigen. Als Galilei vor seinen Thron trat, setzte Paul V. das allerstrengste Protokoll ausser Kraft. Das lasse er nicht zu, rief Seine Heiligkeit aus, dass ein Galileo Galilei vor ihm kniee. Aufrecht und stolz erklärte das wissenschaftliche Genie dem staunenden Papst die neue astronomische Lage.

So berauscht war Galileo Galilei von seinem Triumphzug durch die römischen Salons, dass er eins nicht merkte. Wie leidenschaftlich auch das Rom des 17. Jahrhunderts dem Geniekult huldigte, etwas anderes machte den Römern noch grösseren Spass: so ein hochgefeiertes Genie zu verspotten. Wo immer sich vor ihm die Bewunderer sammelten, kicherten hinter ihm die Spötter: »Schaut, da kommt er, der das Fernrohr erfunden hat.« Und sie zwinkerten einander zu.

Unbegreiflich, dass Galileo Galilei einen solchen Schwindel gleich aufs Titelblatt seiner Sensations-Schrift gesetzt hat. Sechs Jahre vor ihm schon hatte nämlich ein Zacharias Janssen aus Middelburg das Fernrohr erfunden. Der Name klingt so wenig italienisch wie der Ort. Zwei Jahre vor Galilei war die holländische Erfindung bereits auf der Frankfurter Messe im Dutzend feilgeboten worden.

Tatsächlich hat Galileo Galilei das protestantische Fernrohr katholisch umgebastelt. Sein eigenes Fernrohr – schaut es euch an im Museo di Fisica e Storia Naturale in Florenz – gleicht jedenfalls verdächtig einer katholischen Monstranz. Vielleicht dachte er, das werde bei der Heiligen Inquisition einen guten Eindruck machen.

Die Heilige Inquisition ist aber viel zu nüchtern, um sich durch barocken Zierrat blenden zu lassen. Auch ist sie alt genug, um zu wissen, dass man, um die Wahrheit herauszufinden, in den meisten Fällen kein Fernrohr braucht. Ein gutes Gedächtnis genügt.

In Ehrfurcht gedenke ich, der Grossinquisitor, des Nikolaus Kopernikus, des frommen Domherrn von Frauenburg in Preussen. Ungleich scharfsinniger als Galileo Galilei, hat er in seinen »revolutiones« (»Umdrehungen«) die These vertreten, dass sich die Erde um die Sonne drehe. Und das im Jahre 1543 – 67 Jahre vor Galilei.

In christlicher Pietat hat der Frauenburger Domherr seine revolutionären »revolutiones« Papst Paul III. gewidmet. Natürlich nicht, ohne Seine Heiligkeit zuvor um Erlaubnis zu fragen. Und der Papst hat gerne ja gesagt. Dass sich die Erde um die Sonne drehe, nicht die Sonne um die Erde, entspricht das nicht, symbolträchtig, dem christlichen Glauben, dass Gott der strahlende Mittelpunkt aller Dinge ist, nicht der Mensch in seiner irdischen Bedeutungslosigkeit?

Kardinal Nikolaus Schönberg war es dann, ein Dominikaner, der den bescheidenen, zögerlichen ostdeutschen Stubengelehrten väterlich drängte, seine staunenswerten Erkenntnisse doch bitte nicht nur dem Papst, sondern der ganzen Christenheit zur Kenntnis bringen.

Das Gleiche wie Galilei, aber 67 Jahre zuvor? Die gleiche These schon, doch anders kundgetan. Einmal auf ungleich höherem wissenschaftlichem Niveau: Kein publizistischer Schnellschuss wie Galileis »nuncius sidereus« sind die »revolutiones« des Kopernikus, sondern das meisterhaft durchdachte Lebenswerk eines genialen Mathematikers. Und dieses überlegene Werk vorgetragen in ebenso überlegener Bescheidenheit. Nirgendwo der Tonfall »Hier komme ich und weiss auf einmal alles besser«. Als wissenschaftliche Hypothese will Kopernikus sein astronomisches System verstanden wissen. Allerdings als eine Hypothese, die zahlreiche Beobachtungen am Himmel besser erklärt als die alte Hypothese des Ptolemäus.

Galilei war noch gar nicht geboren, da verbreitete sich die neue Lehre des Kopernikus schon durch alle Universitäten der katholischen Welt. An der spanischen Universität Salamanca wurde Astronomie seit 1561 parallel nach Ptolemäus und nach Kopernikus gelehrt. Damit die Studenten vergleichen konnten. Der Vergleich scheint zugunsten von Kopernikus ausgefallen zu sein. Jedenfalls wurde, ab 1594, in Salamanca Astronomie nur noch nach Kopernikus gelehrt.

Salamanca! Ich sage nur Salamanca. Viele Jahre vor Galileo Galilei drehte sich in dieser Hochburg katholischer Rechtgläubigkeit die Erde um die Sonne. In christlicher Seelenruhe nach Nikolaus Kopernikus.

Nicht alle haben ein so gutes Gedächtnis wie die Heilige Inquisition. Vor allem Galileo Galilei nicht. Wusste er wirklich im Jahr 1610 nicht mehr, dass es jahrzehntelang in ganz Italien keinen gab, der so stur und starr gegen Kopernikus gewesen war wie er?

Dass der 19jährige im Dom zu Pisa das Pendelgesetz entdeckt habe, ist eine schöne Legende. Historisch einsehbar dagegen ist der Ptolemäus-Kommentar, den er sogleich verfasste, als er mit 25 Professor in Pisa wurde. Nicht eine Spur kopernikanischer Kritik an Ptolemäus ist darin zu entdecken, nicht der leiseste Zweifel daran, dass sich die Sonne um die Erde dreht. Im Gegenteil: Nachdrücklich schärft Nachwuchs-Professor Galilei seinen Studenten ein, dass sich die Sonne um die Erde drehe. Dass es umgekehrt sein könnte, schliesst er ebenso kategorisch aus.

Mit 28 wurde er dann Professor in Padua. Und lehrte weiter, dass sich die Sonne um die Erde drehe. Mit 42 Jahren noch trug er in seinem »Trattato della Sphera o Cosmografia« den Studenten in Padua den reinen, orthodoxen Ptolemäus vor. Nihil nisi Ptolemaeus. Selbst jene uralt überholten Beweise für die These, dass sich die Sonne um die Erde drehe, die Kopernikus schon drei Generationen zuvor eindeutig widerlegt hatte, kaute Professore Galilei seinen Studenten unverändert vor. Nur aus Angst habe er das getan, las man später in einem seiner Briefe an Kepler. Angst in Padua? Angst wovor? Im stockklerikalen Salamanca hatte man schon seit Jahrzehnten keine Angst mehr vor Kopernikus.

Im Jahr des Heils 1606 lehrt Professor Galilei in Padua stur immer noch nichts weiter, als dass sich die Sonne um die Erde dreht. Zwei Jahre bereits nach der Erfindung des Fernrohrs in Holland! Und nur vier Jahre bevor er mit seinem »sidereus nuncius« die ganze Welt, von Salamanca bis nach Middelburg, verrückt macht mit der »grossen Sensation«, das »von ihm erfundene Fernrohr« erbringe den unfehlbaren Beweis, dass hinfort nichts mehr wahr sei, gar nichts anderes mehr als der von ihm bisher kategorisch verworfene Kopernikus.

Wagt es in ganz Italien einer, doch noch anderer Meinung zu sein? »Ignorant«, »böswilliger Tor«, »Pedant«, »Ochs«, »Esel«, »Lügner«, »Betrüger«, »vernagelter Schädel«: Das sind nur einige der toleranten Ausdrücke, mit denen dieser Apostel des freien Denkens und Forschens jedem italienischen Astronomen an die Gurgel fuhr, der sich herausnahm, noch immer das für wahr zu halten, was er selber ein halbes Leben lang stur und starr seinen Studenten eingeschärft hatte.

Dass wir es da mit einem Genie zu tun hatten, war uns in der Heiligen Inquisition klar. Frage nur, was für ein Genie. Eher wohl Europas erstes Medien-Genie. Ein Genie der Selbstdarstellung. Mitten in der Renaissance ein hochmodernes Marketing-Genie.

Aber ein Genie der Astronomie? Im Inquisitionspalast begann Robert Bellarmin, sich Gedanken zu machen. Ein Jahr nach der Veröffentlichung des »sidereus nuncius« forderte die Heilige Inquisition bei den Jesuiten-Astronomen des Collegio Romano erstmals ein Gutachten über Galileo Galilei an.

Das Gutachten fiel verblüffend günstig aus. Ob nun Galilei das Fernrohr selber erfunden hatte oder nicht, jedenfalls habe er mit diesem neuen Gerät tatsächlich aufregend neue Beobachtungen gemacht. Er, kein anderer, habe damit die Jupitermonde entdeckt. Und so vieles mehr, was die alte mathematische Hypothese des Kopernikus nun in einem ganz neuen, empirischen Licht erscheinen liess. Nicht dass Ptolemäus damit widerlegt sei. Aber dass zahlreiche Erscheinungen am Himmel, die Galilei neu beobachtet hatte, sich mit Kopernikus besser erklären liessen als mit Ptolemäus, dies war auch die Meinung der Astronomen im römischen Jesuiten-Kollegium. Und sie luden Galileo Galilei ein zu einer »wissenschaftlichen Akademie«, auf der sie ihn als »hochberühmten und meistbeglückten Sternenforscher« feierten.

Robert Bellarmin war erleichtert. Alle in der Heiligen Inquisition waren erleichtert, dass wir nicht mehr durch Galileis Rohr in die kosmische Ferne zu gucken brauchten. Hatten wir doch in diesem Jahr 1611 näher liegende Sorgen.

Mit uns selber hatten wir zu tun. Der Beruf des Inquisitors hat nämlich nicht nur seine schönen Seiten. Auch bei uns gibt es das, was die Franzosen »déformation professionelle« nennen:

»berufsbedingte Fehlentwicklung«: Wenn man sich jahrausjahrein mit Ketzereien beschäftigen muss, gerät man zum Schluss, fast unweigerlich, selber auf ketzerische Gedanken.

So konnte es dazu kommen, dass sich im Jahr 1611 in der Heiligen Römischen Inquisition die beiden wichtigsten Personengruppen, die Dominikaner und die Jesuiten, gegenseitig der Ketzerei bezichtigten. Dabei ging es nicht um eine weltliche Bagatelle wie Galileis Fernrohr. Bitterbös stritten wir, Dominikaner und Jesuiten, über das Wesen der göttlichen Gnade. Und so hatte sich die Heilige Inquisition, wie so oft in ihrer tumultuösen Geschichte, selber lahmgelegt.

Bei aller Zurückhaltung, die ein Grossinquisitor seinem Amt schuldet, möchte ich bei der Gelegenheit doch auch einmal sagen, was ich denke: Nie hätten wir die Jesuiten hereinlassen sollen in die Heilige Inquisition. Solange wir Dominikaner da unter uns waren, hat alles viel besser geklappt. Aber die Jesuiten? Echte Mönche braucht die Heilige Inquisition. Lauter Ärger haben sie uns gebracht, diese Softies von der Compañia de Jesús!

Unruhe im Saal.

So gross war der dogmatische Ärger, den wir uns in der Heiligen Inquisition im Jahr 1611 selber eingebrockt hatten, dass wir nicht die geringste Lust hatten, uns auch noch einen astronomischen Prozess gegen einen wirr schillernden Sternen-Star aus Florenz an den Hals zu laden. Galileo Galilei schien davonzukommen. Als »hochberühmter und meistbeglückter Sternenforscher«. Da kam die Hiobsbotschaft. Und wieder kam sie aus Florenz!

Wenn es einen Albtraum der Heiligen Inquisition gibt, dann sind das florentinische Bussprediger. Savonarola! Wie hat er mit seinen fanatischen Predigten auf der Kanzel von San Marco das törichte Volk aufgewiegelt. Weit über Florenz hinaus. Wie hat er die Heilige Inquisition zur Verzweiflung getrieben. Bis selbst uns, in unserer Lammsgeduld, kein anderer Ausweg blieb, als ihn zu verbrennen.

Und jetzt auf einmal nicht nur ein Bussprediger in Florenz, sondern gleich zwei!

Auf der Kanzel von San Marco Pater Niccolò Lorini, auf der Kanzel von Santa Maria Novella Pater Tommaso Caccini. Zwei Bussprediger und, von beiden Kanzeln, eine Botschaft:

»Geliebte im Herrn! Vernehmet die Worte der Heiligen Schrift aus dem Buch Josua, 10. Kapitel, 12. bis 14. Vers: ›Damals redete Josua zu Jahwe. Und vor den Augen Israels rief er aus: Sonne, steh still über Gibeon und Mond über Ajalons Tal! Da stand die Sonne still, und der Mond blieb stehen, bis das Volk Rache genommen hatte an seinen Feinden. Mitten am Himmel blieb die Sonne stehen und fast einen ganzen Tag lang verzögerte sie ihren Untergang.‹ Soweit die Worte der Heiligen Schrift.«

Zum ältesten Bibelwort dann, als doppelte Predigt, die neueste Empörung. Ein Narr sei in Florenz erstanden, der behaupte, nicht die Sonne, sondern die Erde drehe sich und gehe auf und unter rund um die Sonne und alle Köpfe drehten sich wie die Kronen der Bäume in wildem Wirbel durch das All. Dabei stehe doch geschrieben in Gottes Wort, dass die Sonne auf- und niedergeht, wie über Gibeon und Ajalon, so über Florenz und über Rom. Wer das Gegenteil behauptet, lästert Gottes Wort!

Der Empörung voll, kam Pater Caccini alsogleich zur Heiligen Inquisition nach Rom gelaufen, um gegen Galileo Galilei persönlich und in aller Form Anzeige zu erstatten. »Wegen Ketzerei.«

Jetzt war der Teufel los.

Mit seiner masslosen öffentlichen Prahlerei hatte Galileo Galilei genau das provoziert, was Nikolaus Kopernikus, der fromme Domherr von Frauenburg, so sehr gefürchtet hatte, dass er den Druck seiner »revolutiones« bis ans eigene Totenbett verzögert hat. Nicht vor der Heiligen Inquisition hatte er Angst. Er wusste sich von ihr beschützt. Nicht vor dem Heiligen Vater in Rom. Er wusste sich von ihm gefördert. Nikolaus Kopernikus hatte, so schreibt er selber, Angst vor dem »iudicium vulgi«, vor dem »Urteil des Volkes«. Er habe, gab er unumwunden zu, Angst vor »Lächerlichkeit«.

Auf allen Misthaufen des deutschen Ostens sah er im Geist schon die Bauern sitzen und sich lustig machen über den verrückten Domherrn von Frauenburg, der behauptete, die Erde drehe sich um die Sonne, wo doch jeder Bauer das Gegenteil mit eigenen Augen sah.

Stellt euch einen Augenblick vor, Allensbach hätte im 16. oder 17. Jahrhundert eine Umfrage gemacht. Etwa folgenden Wortlauts: Ein Astronom in Frauenburg behauptet, die Sonne gehe nicht auf und nicht unter. Vielmehr drehe sich die Erde wild durch die Luft um die Sonne. Kreuzen Sie jetzt bitte an: Der Mann ist a) bei Verstand b) etwas verwirrt c) er ist verrückt.

Wohl gab es den aufgeklärten Klerus. Es gab im Bürgertum, an Höfen, an Universitäten die humanistische Bildung. Alle jene eben, die an Galileis Fernrohr-Event begeistert Anteil nahmen. Aber das waren keine zehn Prozent der Bevölkerung. Der Rest der Christenheit war analphabetisches Volk. Eben jenes Volk, dem ein aufgeklärter Christ besser nicht aufs Maul schaut.

Ein so glänzender Humanist wie der Dominikaner Maraffi glaubte noch, er könne die Anti-Galilei-Predigten seiner beiden Ordensbrüder in Florenz abtun als »bestialità«, als »saudummes Geschwätz«. Als Grossinquisitor weiss ich, was einer mit saudummem Geschwätz anrichten kann. Mag nämlich die Vulgarität grinsen. Sie grinst ja immerzu. Lebensgefährlich wird es erst, wenn sich das vulgäre Grinsen unter der Kanzel steigert zur Empörung auf der Kanzel. Der blutige Aufstand droht dann. Nicht nur bei den Muslimen ist das so. Wie oft in der katholischen Geschichte hat die Heilige Inquisition dagegen einschreiten müssen!

Eins jedenfalls war uns klar in der Römischen Inquisition: Nach der formellen Anzeige von Pater Caccini aus Florenz konnten wir nicht einfach mehr wegschauen. Wir mussten das Verfahren gegen Galileo Galilei eröffnen.

Jetzt beginnen in Rom jene langen, spannenden Gespräche zwischen den beiden gegensätzlichsten Geistern der Zeit: zwischen dem Astronomen Galileo Galilei und dem Inquisitor Robert Bellarmin.

Was Galilei leidenschaftlich bewegte, war im Grunde ein steinalter Wissenschaftsbegriff. Aus seiner antiken Badewanne war Archimedes gesprungen, splitternackt war er durch alle Strassen von Syrakus gelaufen, laut schreiend: »Heureka!«. »Ich habe es entdeckt!« Und so Galileo Galilei. Sehen wir ihm doch die erfundene Erfindung seines Fernrohrs nach und halten wir ihm dies zugute: Was er gesehen hatte durch sein holländisches Rohr, die Jupitermonde zum Beispiel, hatte ihn hineingerissen in den triumphierenden Taumel des Entdeckers: »Heureka!«

Gänzlich anderen Geistes der Inquisitor Robert Bellarmin. Ihn erfüllte jenes moderne Ideal der Wissenschaft, das im 20. Jahrhundert durch Karl Popper klassisch vertreten wird.

Zwischenruf aus dem Publikum: »Sir Karl Popper!«

Karl Popper wird sein Jahrhundert lehren, dass jede wissenschaftliche Behauptung nur Hypothese sein darf. Und dies so, dass noch die überzeugendsten Beweise für die eine Hypothese die andere nicht endgültig ausschliessen.

Karl Poppers neopositivistischer Hut aus London ist aber nichts anderes als der älteste Hut der Römischen Inquisition. Es ist der Hut des heiligen Robert Bellarmin.

Fast gelyncht wurde 1908 der berühmte französische Physiker Pierre Duhem, als er die historische Wahrheit aussprach, im Prozess gegen Galileo Galilei habe »die wissenschaftliche Logik« dort gestanden, wo sie immer noch stehe, nämlich auf der Seite der Heiligen Inquisition: »Angenommen, die Hypothesen des Kopernikus könnten alle bekannten Erscheinungen erklären, dann könnte man daraus schliessen, dass sie möglicherweise wahr sind, keineswegs aber, dass sie notwendig stimmen. Um diesen letzten Schluss zu ziehen, müsste man ja beweisen, dass kein anderes System erdenkbar ist, das die Erscheinungen genau so gut erklärt. Dieser letzte Beweis ist aber nie geführt worden.«

Monsieur le Professeur, jenes »andere System« ist inzwischen erdacht! Die Relativitätstheorie nämlich. Sind alle Erscheinungen relativ zum Ort des Betrachtenden und Messenden, dann ist das ganze Universum relativ zu unserem Ort. Zu unserer alten Erde. Wie es der Heilige Geist darstellt in der Bibel. Vielleicht hat Gott vor Einstein etwas von Relativität verstanden.

Wissenschaft als immerzu und überraschend revidierbare Hypothese: Jahrzehnte vor Robert Bellarmin hat schon Ehrwürden Domherr Kopernikus eben diesen Wissenschaftsbegriff vertreten. Noch Jahrzehnte nach Bellarmin wird in Paris der kompetenteste aller französischen Wissenschaftler, der Mathematiker Blaise Pascal, die beiden Systeme des Ptolemäus und des Kopernikus als Hypothesen gleichberechtigt nebeneinander stellen: »Wer wird ein so schwerwiegendes Urteil fällen können, und wer wird ohne die Gefahr eines Irrtums die eine Hypothese auf Kosten der anderen vorziehen können?«

Eines freilich hatte Robert Bellarmin mit Galileo Galilei gemein: ein tiefes Unbehagen am überkommenen astronomischen Weltbild. Etwas stimmte nicht mit Ptolemäus. Die mathematischen Figuren des Kopernikus waren einfacher und überzeugender. Seine Hypothese, dass sich die Erde um die Sonne drehe, erklärte viele Bewegungen der Gestirne besser. Mit um so grösserer Spannung hörte der Inquisitor Galileo Galilei zu.

Doch je länger und aufmerksamer er ihm zuhörte, desto mehr wuchsen seine Zweifel. Nicht an der alten These des Kopernikus, sondern an Galileis neuen Beweisen. In einem Brief an Galileis theologischen Freund, den Karmeliten Foscarini, fasst Bellarmin das Ergebnis jener Gespräche so zusammen: »Drittens sage ich, wenn es wirklich einen Beweis dafür (für Galileis Auffassung) gäbe, dann müssten wir bei der Auslegung von Stellen der Heiligen Schrift, die das Gegenteil zu lehren scheinen, die grösste Umsicht walten lassen und lieber sagen, wir verständen sie nicht, als eine Anschauung für falsch erklären, die als wahr bewiesen wurde. Ich bin indessen der Meinung, es gebe keine solchen Beweise, da mir keiner vorgelegt wurde. Darzutun, dass die Phänomene gut erklärbar seien, wenn man die Sonne im Zentrum des Universums annimmt, ist nicht das Gleiche wie darzutun, dass die Sonne sich de facto im Mittelpunkt und die Erde sich draussen in den Himmelsräumen befindet.« Und dann: »Im Zweifelsfalle soll man die Schrift, wie sie von den heiligen Vätern ausgelegt wurde, nicht verlassen.«

Im Zweifelsfall erlaubte sich Bellarmin, an Galilei zu zweifeln. Wenn es etwas gab, was Galileo Galileis cholerisches Temperament nicht vertrug, dann waren das die milden Zweifel eines aufgeklärten, ihm intellektuell überlegenen Inquisitors. In unbedachter Leidenschaft wählte er die Vorwärtsverteidigung. Bellarmin zum Trotz veröffentlichte er 1616 seinen »Diskurs über Ebbe und Flut«. Endgültig, trumpfte er auf, sei ihm jetzt gelungen zu beweisen, dass nicht die Erde, sondern die Sonne der Mittelpunkt des Universums sei. Die Gezeiten der Meere nämlich seien dafür der empirische Beweis.

Die Heilige Inquisition schüttelte den Kopf. Italiens Astronomen schüttelten ebenfalls den Kopf. Dass Ebbe und Flut nicht von der Sonne abhangen, sondern, wie das Wohl und Weh der Frauen, vom Mond, weiss inzwischen jedes Kind. Damals wusste es schon jeder Astronom – und konnte es beweisen.

Dringend, mündlich zuerst und zuletzt auch schriftlich, hatte Bellarmin Galilei ermahnt, er möge gewiss seine Forschungen weiterführen und seinen kopernikanischen Standpunkt ruhig weitervertreten, jedoch im Sinne einer noch beweisbedürftigen Hypothese. Galilei hat den Rat missachtet. Zum Verhängnis wurde ihm, dass er noch einen zweiten, viel wichtigeren Rat seines inquisitorischen Gönners missachtet hat. Er solle doch, bittebitte, in allen seinen Äusserungen, bei der naturwissenschaftlichen Beobachtung bleiben, »senza entrare nelle Scritture«.

Er solle »die Finger lassen von der Heiligen Schrift«.

Blind und stur tat Galileo Galilei das Gegenteil. Überzeugt, dass seine Unfehlbarkeit keine Grenzen kenne, begab er sich auf jenes biblische Minenfeld, wo ihm der wohlwollendste Inquisitor nicht mehr helfen konnte. Spektakulär wie stets trat Galileo Galilei vor die Öffentlichkeit mit einer umwerfend neuen Interpretation der Heiligen Schrift.

Bekanntlich hat der Heilige Geist, in seiner göttlichen Einfalt, die Dinge am Himmel so gesehen wie ein alter Jude in Jerusalem: »Freudig wie ein Held läuft die Sonne ihre Bahn.« So steht es im 19. Psalm. Und heisst doch wohl, dass sich die Sonne über unseren staunenden Häuptern von Ost nach West rund um die Erde dreht. Oder nicht?

Nein. Nicht nach Professor Galileo Galilei. Nach seiner Erkenntnis hat der Heilige Geist das Gegenteil sagen wollen. Das absolute Gegenteil von dem, was er sagte. Wie das?

Meine Damen und Herren! So strapaziös das wird, lese ich doch die theologische Erleuchtung von Galileo Galilei im Wortlaut vor. Oder besser, zuerst, in seiner göttlichen Einfachheit, nochmals den Psalm, um den es geht:

»Freudig wie ein Held läuft die Sonne ihre Bahn.«

Und jetzt Bibelforscher Galilei: »Wir wissen, dass es die Absicht dieses Psalmes ist, das göttliche Gesetz zu loben, und dass der Psalmist es deshalb mit jenem Himmelskörper vergleicht, der schöner, nutzreicher und mächtiger ist als alle anderen Dinge der Körperwelt. Nachdem er also das Lob der Sonne gesungen hat, *und dies im Wissen, dass sie es ist, die alle Körper der Welt um sich herum in ihren Bahnen bewegt*, geht er zu den grösseren Vorzügen des göttlichen Gesetzes über. ›Fleckenlos ist das Gesetz des Herrn‹, sagt er, ›und es wendet die Seelen.‹ Als wolle er sagen: Das Gesetz ist um eben so viel vortrefflicher als die Sonne, als fleckenlos sein und die Kraft besitzen, die Seelen zu lenken, höher steht als mit Flecken bedeckt sein, wie es die Sonne ist, *und die körperlichen Kugeln der Weltkörper um sich herum führen.«*

Selbst Hemleben, der führende deutsche Galilei-Apostel im vergangenen Jahrhundert, spricht hier von »umständlichen, geschachtelten Sätzen« und fordert dazu auf, diese »ruhig mehrfach zu lesen«.

Lest es ruhig zehnmal, dann wird euch eines klar: Absichtsvoll verworren, lügnerisch verschachtelt, trickst Galileo Galilei das biblische X um in ein astronomisches U.

Er solle »die Finger von der Heiligen Schrift lassen«, hatte Robert Bellarmin Galileo Galilei händeringend geraten. Er wusste, warum er das tat. In seiner überlegenen Klugheit fürchtete der Jesuit einen frontalen Zusammenstoss zwischen Galileo Galilei und dem heiligen Thomas von Aquin.

Dieser Dominikaner des 13. Jahrhunderts ist der bedeutendste Theologe der katholischen Kirche. Ein glänzender Rechtfertiger der Heiligen Inquisition war Thomas von Aquin und, wie es sich gehört, zugleich ein entschlossener Förderer der freien naturwissenschaftlichen Forschung. In all jenen Bereichen des Wissens nämlich, in denen es nicht um den Glauben gehe, sondern um die naturwissenschaftliche Erkenntnis, ist nach Thomas von Aquin das »argumentum auctoritatis«, das »Argument mit der Autorität«, »das schwächste«. Also zum Beispiel in der Astronomie. Da muss frei gedacht und geforscht werden können. Lehrte der heilige Thomas drei Jahrhunderte vor Galileo Galilei.

Freies Denken, freies Forschen in den Naturwissenschaften. Aber nicht in der Offenbarung! Nicht beim Wort Gottes. Da ist, nach Thomas von Aquin, das »argumentum auctoritatis« das stärkste. Soeben hatte das Konzil von Trient dieses katholische Prinzip feierlich neu verkündet: »Keiner wage es fortan, der eigenen Klugheit vertrauend, die Heilige Schrift nach eigenem Sinn zu verdrehen und auszulegen gegen den Sinn, den die Heilige Mutter Kirche angenommen hat und annimmt.«

Es war der casus belli. Nicht, was Galileo Galilei mit seinem Fernrohr tat, sondern, was er mit dem 19. Psalm anstellte. Willkürlich, lügnerisch und provokant. Jeden Augenblick konnten jetzt die Florentiner Busspredìger Amok laufen. Und, bestialiter hinter ihnen her, das empörte christliche Volk. In der Heiligen Inquisition trat der Krisenstab zusammen. Wir mussten etwas tun.

Aber was?

Es war Robert Bellarmins Idee. Eine Idee, wie sie nur einem Jesuiten in den Sinn kommen konnte. Nicht zufällig war sie so »umständlich geschachtelt« wie Galileis biblische Ideen. Der Inquisitor Robert Bellarmin unternahm das wahrhaft jesuitische Kunststück, Galilei zu verurteilen, ohne ihn zu verurteilen.

Oft wird behauptet, im Jahr 1616 habe eine »erste Verurteilung« Galileo Galileis durch die Heilige Inquisition stattgefunden. Das stimmt, ohne zu stimmen. In Wirklichkeit hat die Heilige Inquisition nur ein »Dekret« erlassen. In diesem »Dekret« kommt der Name Galileo Galilei überhaupt nicht vor. Als »schriftwidrig« und »töricht« wird keineswegs eine Person verurteilt, wohl aber zwei Sätze: »1. Die Sonne ist das Zentrum der Welt und infolgedessen unbeweglich«. Und »2. Die Erde ist nicht das Zentrum der Welt und nicht unbeweglich.« Genannt wird nur Kopernikus. Doch wird auch Kopernikus nicht verdammt, seine »revolutiones« werden nur – 73 Jahre nach Erscheinen – »suspendiert«, so lange, bis sie »verbessert« seien.

Zu diesem jesuitisch ausgetüftelten »Dekret« hat Robert Bellarmin noch zwei flankierende Massnahmen dazugetüftelt: Am 26. Februar 1616 zitierte er Galileo Galilei in den Inquisitionspalast. Er las ihm das Dekret vor. Unter sechs Augen, das heisst in Gegenwart des Kommissars der Römischen Inquisition, ermahnte er ihn, sich daran zu halten. Unter sechs Augen versprach Galilei ausdrücklich, sich dem Dekret zu unterwerfen. Unmittelbar danach trat Bellarmin vor die Generalkongregation der

Heiligen Inquisition und unterrichtete sie von Galileis Unterwerfung.

Alsdann jedoch begab sich Robert Bellarmin vor die christliche Öffentlichkeit mit einer schriftlichen Ehrenerklärung für Galileo Galilei: »Da Wir, Robert Kardinal Bellarmin, in Erfahrung gebracht haben, dass man dem Herrn Galileo Galilei verleumderisch nachredet, er habe in unsere Hände abschwören müssen und er sei dabei mit heilsamen Busswerken belastet worden, so erklären Wir hiermit auf Verlangen und zur Steuer der Wahrheit, dass genannter Galileo weder in unsere noch in irgend eines andern Hände, weder hier in Rom noch unseres Wissens an einem andern Orte irgendeiner Meinung oder Lehre habe abschwören müssen; auch sind ihm keinerlei Busswerke auferlegt worden.« Gezeichnet Robert Kardinal Bellarmin.

Was ist dazu zu sagen? Im Grunde nur eines: Hier hat es wieder einmal ein Jesuit allen recht machen wollen. Einen Augenblick schien er es auch allen recht gemacht zu haben. Die beiden Bussprediger in Florenz waren erbaut und hielten ihr biblisches Maul. Galileo Galilei hielt sein astronomisches Maul. Er brach auf zu einer Wallfahrt nach Loreto. Was er wohl der Gottesmutter Maria hoch und heilig versprochen hat? Lange daran gehalten hat er sich nicht.

Wohl sollten noch siebzehn Jahre vergehen von jenem fein und mild getüftelten und geschachtelten Dekret von 1616 bis zum spektakulären Kniefall Galileis im Jahr 1633. Viel zu erzählen brauche ich trotzdem nicht. Was jetzt beginnt, habe ich in meinem Amt als Grossinquisitor hundertmal erleben müssen. Es ist die immerzu gleich traurige Geschichte vom unaufhaltsamen Abstieg eines Menschen in die Ketzerei.

Wendet nicht ein, Galilei sei ja auch im Jahr 1633 nicht als Ketzer verurteilt, sondern nur als »der Ketzerei stark verdächtig« bezeichnet worden. Wendet erst recht nicht ein, er habe doch in der astronomischen Sache recht gehabt. Dass er, zur Hälfte jedenfalls, recht hatte, war zu seinen Lebzeiten empirisch weder nachzuweisen noch zu widerlegen. Auf etwas anderes kommt es an.

Manchmal werde ich gefragt, welchen Beruf ein Grossinquisitor wie ich im 21. Jahrhundert ergreifen würde. Ich glaube, ich würde Psychiater. Psychiater mit dem Arbeitsschwerpunkt Sturheit, Trotz und Rechthaberei.

Dass ein Mensch, nach psychiatrischem Befund, an Verfolgungswahn leidet, schliesst ja keineswegs aus, dass er, bei Gelegenheit, wirklich Verfolgung erleidet. Er wird ja auch die Gelegenheit, verfolgt zu werden, suchen. Genauso ist es mit dem inquisitorischen Befund, dass ein Mensch erstarrt ist in ketzerischem Trotz. Das schliesst nicht aus, dass jener Mensch, bei Gelegenheit, in der Sache recht hat. So wie es sich im Fall Galilei, ein halbes Jahrhundert später, dank Newtons Entdeckung des Fallgesetzes, herausgestellt hat, dass Kopernikus recht hatte. Zur Hälfte jedenfalls. Denn auch er und mit ihm Galilei irrten in der Hypothese, die Sonne sei der Mittelpunkt der Welt. Lacht mich nicht aus, wenn ich sage, darauf komme es nicht an, weder zur Gänze noch zur Hälfte.

Lautes Gelächter im Saal.

»Ein dummes Lachen hinter euren Bärten!«

Ketzerei ist nämlich gar nicht so sehr ein Irrtum in der Sache. In erster Linie ist sie ein Irrtum in der Art, eine noch so gute, ja vielleicht wahre Sache zu vertreten. Ein Heureka-Erlebnis hatte Galileo Galileo 1610 gehabt, als er durch sein holländisches Fernrohr zum ersten Mal die Jupitermonde sah. Und jetzt? Gegen alles gütige, verständnisvolle Zureden Bellarmins nichts mehr als verbohrte Rechthaberei und Anmassung, nichts mehr als blinder, tauber Trotz. Ein paradoxer Trotz. Denn was Galilei vertrat, war »Eppur si muove«. Doch wie er es vertrat, das war die Verkrampfung in starre Unbeweglichkeit. Ein Ketzerwort möchte ich Galileo Galilei in den Mund legen, das nicht einmal Martin Luther ausgesprochen hat: »Hier stehe ich, ich kann nicht anders.«

Vielleicht habe ich doch zu hoch gegriffen, als ich Galileo Galilei mit Archimedes verglich. Ein anderer Vergleich drängt sich auf. Im Grunde ist Galileo Galilei im Jahr 1633 mit seinem holländischen Fernrohr so umgegangen wie Erich von Däniken im 20. Jahrhundert mit den Spuren der Ausserirdischen im Urwald von Peru. Es ist ja durchaus möglich, dass Ausserirdische uns besucht haben. Möglich auch, dass sie uns noch besuchen werden. Auch wenn es nicht so in der Bibel steht, darf dieser Hypothese wissenschaftlich nachgegangen werden.

Möglich, dass im 21. Jahrhundert neue, aufregende wissenschaftliche Entdeckungen Däniken überraschend recht geben werden. Dass dann ganz Europa und die Schweiz Erich von Däniken als den grössten Wissenschaftler aller Zeiten feiern werden. Und wieder werde ich der Einzige sein, der nüchtern genug denkt, um zu wissen, dass das nicht stimmt. Ich, der Grossinquisitor, und vielleicht noch mein Gesinnungsfreund Karl Popper.

Erneuter Zwischenruf: »Sir Karl Popper!«

Sir Karl Popper und Seine Eminenz der Grossinquisitor. Wir, die beiden Paladine des »Offenen Denkens«.

1621 starb Robert Bellarmin. Galilei verlor den Inquisitor, den Heiligen, der ihm, durch alle seine Anmassungen hindurch, mit Verständnis gefolgt war. Sein Fall schien verloren, als 1623 Urban VIII. den Thron der Päpste bestieg. Schon als Kardinal hatte er Galilei seine Gunst erwiesen. Wer konnte Galilei jetzt noch schaden, jetzt, wo der neue Papst selber sein Protektor war?

Nur einer. Nur er selbst. Gegen den dringenden Rat der Heiligen Inquisition, gegen die beschwörenden Bitten seiner Freunde schrieb er 1631 den »Dialogo sopra i due massimi sistemi del mondo«, einen Dialog über die beiden grossen Systeme des Ptolemäus und des Kopernikus.

Dialoge waren damals grosse humanistische Mode. Auch der heilige Thomas Morus hat solche Dialoge geschrieben, und dabei die unterschiedlichen Standpunkte der verschiedenen Gesprächsteilnehmer alle gleich scharfsinnig vertreten – so scharfsinnig, dass bis heute niemand weiss, was eigentlich der Heilige selber dachte.

Bei Galileo Galilei merkt das der Dümmste auf der Stelle. Gegen Galilei argumentiert nämlich in seinem Dialogo nur *ein* Gesprächsteilnehmer. Der heisst »Simplicio«, auf Deutsch »Einfaltspinsel«. Dieser Einfaltspinsel aber trägt, für das spottlustige italienische Publikum jener Zeit sofort erkennbar, die persönlichen Züge Papst Urbans VIII.

War Galilei übergeschnappt? Nein. Das unfehlbare Genie war nur wieder einmal tödlich beleidigt. Beleidigt, weil sein neuer Freund und Beschützer, Papst Urban VIII., es gewagt hatte, ihm ins Gesicht zu sagen, er sei im Irrtum mit seiner These, dass die Gezeiten der Meere das kopernikanische System bewiesen.

Und so war, nach 23 Jahren, die langmütigste aller Institutionen dieser Welt, die Heilige Inquisition, am Ende ihrer Engelsgeduld. Im Festsaal des Dominikanerklosters Santa Maria Sopra Minerva zwangen wir am 22. Juni 1633 Professor Galileo Galilei in die Knie.

Eins wird euch unverständlich scheinen: So viele Jahre lang hatte sich die Heilige Inquisition in Nachsicht und Geduld geübt. Inzwischen ging Galilei auf die siebzig zu und war an Leib und Seele krank. Halb erblindet war er schon. Sagt, ist ein blinder Astronom vor seinem Fernrohr denn wirklich eine so entsetzliche Gefahr für die Christenheit?

23 Jahre lang war die Heilige Inquisition klug genug gewesen, Galileo Galilei, auf Deutsch gesagt, auszusitzen. Warum war sie jetzt auf einmal so unklug, jenes höchst spektakuläre Showdown im Festsaal der Minerva zu inszenieren? Und sich damit dem Risiko einer epochalen Blamage auszusetzen? Neues gab es doch im Jahr 1633 nicht. Keine neuen astronomischen Erkenntnisse. Keine neuen biblischen Erleuchtungen.

Ja, glaubt ihr denn, zum Gang der Welt gehörten nur astronomische Entdeckungen und biblische Erleuchtungen? Etwas ungleich Wichtigeres war im Jahr 1633 passiert. Ein Krieg erfüllte die Heilige Inquisition mit Entsetzen. Ein militärisches Desaster zwang uns zum Handeln. Der grosse Glaubenskrieg in Deutschland ging verloren!

Die Siege Wallensteins im Norden waren verspielt. Tilly, der Schutz und Schirm der Kirche in Deutschland, der getreue Tilly war geschlagen und gefallen. Die protestantischen Heere standen vor den Toren Münchens. Das Reich schien so verloren wie Europas Norden.

In Ungarn und in Polen, in Irland und in Schottland, wohin Papst Urban VIII. seinen Blick wandte, stand es um die katholische Sache kaum besser. Frankreich konnte jeden Augenblick kippen. Aus der nahen Schweiz drang die protestantische Verkündigung über die Lombardei hinaus nach Süden vor bis unter die Mauern des Vatikans.

Vorbei die Tage, in denen selbst bei uns, in der Heiligen Inquisition, so mancher die Reformation abtat als »deutsches Mönchsgezänk«. Der katholische Glaube war jetzt in tödlicher Gefahr.

Urban VIII. sah es und griff persönlich ein. Er war es, der uns 1633 die Anweisung gab, Galileo Galilei vor aller Welt den Meister zu zeigen.

Ausgerechnet Urban VIII. Er, der Galileo Galilei persönlich die grössten Sympathien entgegenbrachte. Der ihn sechsmal zu langen, ehrenvollen Audienzen empfangen, ihn huldvoll beschenkt hatte mit allen möglichen Medaillen aus Silber und aus Gold. Der ihm höchstselbst schon eine päpstliche Pension verliehen hatte. Der es in seiner väterlichen Güte nicht einmal ernst nahm, dass Galileo Galilei ihn als »Simplicio« veralbert hatte. Ihn höchstselbst, den Papst.

Etwas anderes aber nahm Urban VIII. sehr ernst: Mit seiner astronomischen Revoluzzerei brachte Galileo Galilei den katholischen Glauben in schwere Gefahr.

Galilei scheint das überhaupt nicht gemerkt zu haben. Wenn auch nicht in seiner allzu lockeren Lebensweise, so doch in seiner Marienfrömmigkeit war Galilei ein treuer Sohn der Kirche Roms. Wenn im 20. Jahrhundert Papst Paul VI., auf Versöhnung mit der Wissenschaft bedacht, die Welt zum »Glauben Galileis« aufrief, so meinte er den katholischen Glauben und er irrte nicht.

Doch was Galilei nicht merkte, das sah Papst Urban VIII: dass Galilei mit seiner astronomischen Zündelei die Flammen der protestantischen Empörung verhängnisvoll anfachte.

Unbedacht wäre es gewiss von mir, dem Grossinquisitor, mich mit dem Reformator Jean Calvin ökumenisch zu verbrüdern. Erlaubt mir dennoch in diesem einen Punkt den ökumenischen Vergleich.

Als Calvin 1536 nach Genf kam, war die Stadt schon evangelisch. Doch um die Sache der Reformation stand es verzweifelt schlecht. Die Stadt war von katholischem Gebiet vollständig eingeschlossen. Jede Nacht konnte der Feind über die Mauern kommen.

Und in den Mauern selber nicht ein Feind, sondern zwei. Zu Tausenden waren, aus Frankreich und Italien, die religiösen Spinner nach Genf geströmt, angezogen von der Nachricht, dass dort keine Heilige Inquisition mehr für Ordnung sorge. Genfs eigene Jugend war in der neuen Freiheit verwahrlost und verkommen. Da machte sich die schweigende Mehrheit der Genferinnen und Genfer katholische Gedanken. War nicht alles besser gewesen vor der Reformation? War es nicht Zeit, den Bischof zurückzuholen und mit ihm, warum eigentlich nicht, die Heilige Inquisition?

Wollte Calvin die Reformation in Genf retten, so musste er sie nach zwei Seiten verteidigen. Nicht nach einer Seite, sondern nach beiden zugleich. So wurde er zum protestantischen Inquisitor. Einerseits hat er die Katholiken eingekerkert und hingerichtet. Andererseits hat er die protestantischen Extremisten verbrannt. Mit dieser defensiven Doppelstrategie hat er, im Urteil der Spätgeborenen, den protestantischen Heiligenschein verspielt. Dafür hat er aber, weit über Genf hinaus, die Reformation gerettet aus tödlicher Gefahr.

Ich behaupte nicht, dass die Kirche Roms 1633 in ebenso unmittelbarer Gefahr gewesen sei wie 1536 die Reformation in Genf. Doch die Ähnlichkeit der Bedrängnis fällt ins Auge.

Von der einen Seite, militärisch siegreich, der fundamentalistische Aufstand aus Wittenberg. Der reaktionäre Versuch, die Christenheit zurückzupredigen ins erste Jahrhundert. In der Hand das Glaubenszeugnis des ersten Jahrhunderts: das Neue Testament. Die Bibel. Die Bibel für alle. Die Bibel für jeden. Die Bibel allein. Und nichts als die Bibel. Ein fundamentalistisches »Hier stehe ich, ich kann nicht anders als die Bibel lesen« von rechts.

Von der entgegengesetzten Seite jetzt der naturwissenschaftliche Aufstand aus Florenz. Der Versuch, die ganze Christenheit hinauszukatapultieren in ein grenzenlos gesprengtes Universum. In der Hand die neueste Erfindung. Das Fernrohr. Das Fernrohr für alle. Das Fernrohr für jeden. Das Fernrohr allein. Und nichts als das Fernrohr. Wissenschaft nicht mehr, wie bei Kopernikus, als Hypothese. Wissenschaft als progressive Glaubenssache. Als ein »Hier stehe ich, ich kann nicht anders als durchs Fernrohr gucken« von links.

Alle militärischen Schlachten gegen die Protestanten waren verloren gegangen. Verloren wir jetzt auch noch die theologische Schlacht, so war es um die katholische Sache geschehen. In der öffentlichen Auseinandersetzung ging es aber nicht in erster Linie um Luthers verquältes Verhältnis zum lieben Gott. Das evangelische Volk verstand das so wenig wie ich. Dass aber die Kirche Roms frevelhaft umgehe mit dem Evangelium, dass der Papst das »reine Wort« verraten habe, das war die protestantische These, die alle Christen verstanden. Je länger die Auseinandersetzung dauerte, desto mehr ging es im konfessionellen Disput um diese eine Frage: Wem gehört die Bibel? Den Protestanten oder den Katholiken? Wer ist bibeltreuer? Wer ist bibelfester?

Luther selber hatte den Streit um Kopernikus mit einem Satz auf den protestantischen Punkt gebracht: »Der Narr will die ganze Kunst Astronomiae umkehren. Aber wie die Heilige Schrift anzeiget, so hiess Josua die Sonne stillstehen, und nicht das Erdreich.«

Luthers Freund Philipp Melanchthon, sonst bereit, sich mit jedem zu versöhnen, vielleicht sogar mit dem Papst, rief auf zur Allianz zwischen protestantischer Bibeltreue und gesundem Menschenverstand: »Die Augen sind Zeugen, dass sich der Himmel in vierundzwanzig Stunden umdreht. Doch gewisse Leute haben, entweder aus Neuerungssucht, oder um ihre Klugheit zu zeigen, geschlossen, dass sich die Erde bewegt. Doch es zeigt einen Mangel an Ehre und Geschmack, solche Vorstellungen öffentlich zu äussern. Das Beispiel ist gefährlich. Es ist Pflicht eines guten Christen, die Wahrheit, wie sie von Gott offenbart wurde, zu akzeptieren und auf sie zu vertrauen.«

Und wie erging es Kepler, Galileis deutschem Zeitgenossen, bei den Protestanten? Kepler, dem evangelischen Theologen aus dem Stift in Tübingen? Wie wurde er doch seiner kopernikanischen Neigungen wegen in Tübingen angefeindet! Dem Katholiken Galileo Galilei waren von Venedig bis Florenz die Lehrstühle nur so nachgeworfen worden. An einen Lehrstuhl für Kepler im protestantischen Tübingen kein Gedanke. Mit seinen kopernikanischen Ansichten musste der evangelische Theologe in katholische Lande emigrieren, bis nach Linz und Graz.

Das letzte protestantische Wort war – buchstäblich ex cathedra – von der Kanzel der Kathedrale Sankt Peter zu Genf herab gesprochen worden. Johannes Calvin in gewohnter Strenge: »Wer wird es wagen, die Autorität von Kopernikus über die des Heiligen Geistes zu stellen?«

So stand Papst Urban jetzt da, so wurde er von Galileo Galilei den Protestanten vorgeführt: als Förderer und Beschützer eines grössenwahnsinnigen Narren, der alles auf den Kopf stellen wollte, was Luther und Calvin in der Bibel unumstösslich lasen, was

Melanchthon vierundzwanzig Stunden am Tag mit eigenen Augen am Himmel sah.

Das militärische Debakel in Deutschland war schlimm genug. Ein biblisches Debakel konnte Urban VIII. sich jetzt nicht mehr leisten. Der ganzen Christenheit musste er dramatisch zeigen, dass nicht Sankt Peter in Genf, sondern Sankt Peter in Rom der Fels wahrer Bibeltreue war. Urban VIII. musste einem Galileo Galilei den biblischen Meister zeigen. Nicht eigentlich wegen Ketzerei haben wir Galileo Galilei verurteilt und bestraft, sondern – die Formulierung ist geradezu protestantisch – weil er Ansichten vertreten habe, die »der Heiligen Schrift zuwider« seien.

Und wenn die Flotte Spaniens Englands Meere souverän beherrscht, wenn Wallenstein vor Stockholm gestanden hätte? Was hätte der Inquisitor Bellarmin dann dem Papst geraten und welchen Beschluss hätte der grossmütige Urban gefasst? War nicht das Inquisitionsgericht bis zuletzt unschlüssig? Haben nicht drei Kardinäle, höchst auffällig, das Urteil gegen Galileo Galilei nicht mitunterschrieben?

Für Bellarmin kann ich nicht sprechen, für Urban noch weniger. Ich selbst jedoch, der Grossinquisitor, hätte Galileo Galilei auch dann verurteilt. Ohne Luther, ohne Calvin, ohne alle Bedrängnis durch die evangelischen Kanonen. Früher hätte ich ihn bestraft. Und strenger.

Entrüstung im Saal.

Ja glaubt ihr denn, die Arbeit eines Grossinquisitors mache immer Spass? Zum Beispiel habe ich, von Amtes wegen, sämtliche Schriften Martin Luthers lesen müssen. Etwa zwanzig Mal so viel wie Eugen Drewermann hat Martin Luther geschrieben! Nichts nehme ich diesem Erzketzer so übel wie seinen uferlosen Drang zur Selbstmitteilung. Doch an eine Stelle erinnere ich mich mit Vergnügen: Da, wo der Protestant Martin Luther den Katholiken Erasmus von Rotterdam schilt.

Unter allen grossen Geistern der Wissenschaft sei Erasmus gewiss der grösste, schreibt Luther. Doch das tue nichts zum Glauben. Ganz im Gegenteil. In all seiner intellektuellen Überlegenheit beschädige Erasmus den Glauben unzähliger »einfältiger Christen«. Der Glaube aber sei wesenhaft »einfältig«. Er selber, Martin Luther, sei nichts anderes als »ein einfältiger Christ«.

Siehe da, der Papst in schlechter Gesellschaft. Papst Urban, Galileis »Einfaltspinsel«, in der Gesellschaft des »einfältigen Christen« von Wittenberg. Und Luther in allerbester Gesellschaft. Martin Luther in meiner Gesellschaft.

Gewiss hat Luther geirrt, als er im Zweifelsfall glaubte, Kopernikus mit einem Satz aus dem Alten Testament widerlegen zu können. Trotzdem hatte der Reformator noch im Irrtum recht: Gottes Offenbarung ist, im Zweifelsfall, wichtiger als die Wissenschaft. Die Bibel ist, im Zweifelsfall, wichtiger als das Fernrohr. Wichtiger als der Geist Galileo Galileis ist, im Zweifelsfall, der Heilige Geist. Schützenswerter als die verantwortungslose Wissensarroganz der allzu Gescheiten ist, im Zweifelsfall, der einfältige Glaube. Dies aber war, noch im Jahr 1633, ein Fall des allergrössten Zweifels. Dreimal dürft ihr alle raten: Was hätte wohl der Reformator Jean Calvin getan, hätte er, nicht der sanfte Inquisitor Robert Bellarmin, Galileo Galilei am Wickel gepackt bekommen?

Bange Unruhe im Saal.

Wahrlich, ich sage euch: Er hätte es zu recht getan.

Tumult im Saal.

Ach, er wusste nicht, wovon er redete, Martin Luther, als er Erasmus vorwarf, er beschädige den einfältigen Glauben durch die verantwortungslose Überheblichkeit des allzu gescheiten Wissenschaftlers. Verglichen mit Signore Galileo Galilei aus Florenz war Mijnheer Erasmus aus Rotterdam ein musterhaft demütiger Christ.

Lest Galileis private Briefe. Mehr noch als seine öffentlichen Auftritte sind sie ein Delirium kranker Selbstüberschätzung: »Was wollt denn ihr, Herr Sarsi, da es doch mir allein vergönnt war, alles Neue am Himmel zu entdecken, niemand anderem als mir allein!« Und in einem Brief an seinen Freund Diodati beschwört er »den Himmel, die Welt, das Universum, das ich durch meine wunderbaren Beobachtungen und klaren Beweisführungen hundertfach, ja tausendfach mehr als jeder Weltweise aller vergangenen Jahrhunderte erweitert habe«.

Und kein Gramm Humor. Anders als bei Erasmus kein Milligramm Selbstironie. Hier spricht, auf Deutsch gesagt, der grösste Gelehrte aller Zeiten.

Hier spricht, auf Lateinisch gesagt, der neue Pontifex maximus eines monströsen Aberglaubens: das Fernrohr als Sakrament unumstösslicher, endgültiger Wahrheit. Wo bleibt da noch Urban VIII., der alte einfältige Pontifex im alten einfältigen Vatikan? Als »Simplicio«, als Hofnarr allenfalls, darf er, der Neuzeit zur Belustigung, dem allwissenden Hohenpriester der neuen Wissenschaftsgläubigkeit die astronomische Schleppe tragen.

Nicht Galileis Argumente waren ketzerisch. Verdammenswert war die blinde, rücksichtslose Überheblichkeit, mit der er sie ins Universum hinausposaunte. Ohne sich zu überlegen, was er damit, ausserhalb seines akademischen Fachbereichs, anrichtete. Bei jener grossen Mehrheit der Menschen, die nun einmal so einfältig sind wie Martin Luther, wie der Papst, wie der Heilige Geist. Ohne zum Beispiel zu merken, dass er die Kirche in Deutschland in schwere Gefahr brachte. Wäre es nur die Kirche und wäre es nur Deutschland gewesen. Doch der Fall Galileo Galilei war schlimmer: Dieser verantwortungsloseste aller Wissenschaftler war im Begriff, die ganze Menschheit zu beschädigen.

Buh-Rufe im Saal.

Hört zu, ihr alle, die ihr Galileo Galilei verehrt als Champion der Wahrheit, als Märtyrer der Freiheit. Tut ein paar Schritte um euer Denkmal herum. Es lohnt sich stets, eine Kultfigur von hinten zu betrachten. In eurem Falle ist es bittere Pflicht.

Kaum war Galileo Galilei 1609 der grosse Scoop mit dem »nuncius sidereus« gelungen, da stellte er schon das »von ihm erfundene Fernrohr« hoch auf dem Campanile von San Marco in Venedig auf. Um ihn herum Venedigs Feldherrn. Stolz richtete er das Objektiv auf die Kriegs- und Handelsschiffe unten in der Lagune. Vor dem staunenden venezianischen Militär pries er die Vorzüge seiner angeblichen Erfindung mit folgenden Worten: »Auf dem Meere werden wir die Fahrzeuge und Segel des Feindes zwei Stunden früher entdecken, als er unser ansichtig wird. Indem wir so die Zahl und Art seiner Schiffe unterscheiden, können wir seine Stärke beurteilen, um uns zur Verfolgung, zum Kampf oder zur Flucht zu entschliessen. Ebenso lassen sich auf dem Lande die Lager und Verschanzungen des Feindes innerhalb seiner festen Plätze von entfernten, hochgelegenen Stellungen aus beobachten und auch auf offenem Felde zum eigenen Vorteil jede seiner Bewegungen und Vorbereitungen sehen und in allen Einzelheiten unterscheiden.« So wörtlich festgehalten in Galileis eigenem Begleitschreiben zu jenem wissenschaftlich-militärischen Event auf dem Campanile.

Aufschlussreicher als das, was einer sagt, ist die Art, wie er es sagt. »Wir werden«, »wir können«, »wir unterscheiden«, »wir beurteilen«, das ist, obwohl aus Galileis Mund hoch auf dem Campanile von San Marco ertönend, nicht etwa der Plural majestatis. Es ist auch nicht das herablassende Wir moderner Religionspädagogen: »Wir stehen«, »wir knien«, »wir sitzen«. Ein ganz anderes Wir ist das. Dies ist das Wir bedenkenloser Anbiederung und vorbehaltloser Identifizierung eines Wissenschaftlers mit dem Militär.

In Würdigung solchen militärischen Diensteifers verlieh der Rat von Venedig dem Florentiner auf der Stelle ein Jahresgehalt von tausend Gulden sowie einen Lehrstuhl für Mathematik auf Lebenszeit.

Dabei war Galileo Galilei schon voll damit beschäftigt, sich mit noch grösserem militärischem Diensteifer dem Grossherzog von Toskana anzudienen: »Euch, meinem angestammten Fürsten und Herrn, damit es in seinem Willen stehe, über die Erfindungen und den Erfinder nach seinem Gutdünken zu verfügen.« In pathetischer Unterwürfigkeit huldigt er ihm als, wörtlich so, seinem »principe assoluto«. Ihm zum Ruhme tauft er die beiden neuentdeckten Jupitermonde »Medicea sidera«. Der glorreiche absolute Herr war gerade 19 Jahre alt.

Ein epochaler Januskopf: Champion der Emanzipation der Wissenschaft aus kirchlicher Knechtschaft und Märtyrer moderner Geistesfreiheit, das ist, von vorn betrachtet, das schöne Gesicht der Kultfigur Galileo Galilei. Von hinten betrachtet aber ist dies die hässlichste aller akademischen Fratzen: ein Naturwissenschaftler, der übereifrig und skrupellos sein Wissen und seine Technik in den Dienst politischer Tyrannen stellt. Und ihrer Feldherrn. Während zu gleicher Zeit, erinnert euch, der heilige Robert Bellarmin, Galileis Inquisitor, Kopf und Karriere aufs Spiel setzt mit öffentlicher Kritik an eben diesen absoluten Herrschaften.

Mit moralischen Urteilen war die Heilige Inquisition nie so voreilig wie die atheistische Moderne. In diesem exemplarischen Falle allerdings überlasse ich das Urteil gern einem deutschen Atheisten. In seinen »Aufzeichnungen zu ›Leben des Galilei‹« schreibt Bertolt Brecht 1967: »Galileis Verbrechen kann als die ›Erbsünde‹ der modernen Naturwissenschaften bezeichnet werden.« Und für alle jene, die etwas Mühe haben zu verstehen, fügt er hinzu: »Die Atombombe ist sowohl als technisches als auch soziales Phänomen das klassische Endprodukt seiner wissenschaftlichen Leistung und seines sozialen Versagens.«

Als Grossinquisitor würde ich mich etwas zurückhaltender ausdrücken. Nicht wie Bertolt Brecht würde ich es sagen, sondern wie Albert Einstein. Noch wusste Einstein nichts von der

Flammenhölle von Hiroshima und Nagasaki, nichts von Tschernobyl, nichts von den Monsterlaboratorien amerikanischer Gentechniker und koreanischer Klonstars, als er im Jahr 1938 eindringlich warnte:

»Die Erkenntnisse der Naturwissenschaft und deren bedeutender Einfluss auf das Denken und das praktische Leben haben in der modernen Zeit das religiöse Gefühl der Völker geschwächt. Das kausale und sachliche Denken, obwohl nicht im Widerspruch mit der religiösen Sphäre, lässt bei den meisten wenig Raum für religiöse Vertiefung. Die traditionelle enge Verbindung von Religion und Moral bringt es mit sich, dass dadurch auch die Intensität des moralischen Denkens und Fühlens ungefähr seit hundert Jahren bedenklich abgenommen hat. Ich sehe darin eine Hauptursache der Verwilderung der politischen Sitten in unserer Zeit. Diese Verwilderung in Verbindung mit den mächtigen Fortschritten der Technik bildet heute schon eine ernstliche Bedrohung der zivilisierten Menschheit.«

Naturwissenschaft und Technik, hemmungslos, gewissenlos wuchernd, sind zu einer tödlichen Bedrohung für alles Leben auf diesem Planeten geworden. Das erkannte Einstein 1938. In christlicher Bescheidenheit gesagt: Die Heilige Römische Inquisition hat das drei Jahrhunderte vor Einstein erkannt. Gewiss hat erst das 19. Jahrhundert den naturwissenschaftlichen Denkstolz zu einer veritablen Religion gesteigert. Doch nicht zufällig hat eben jenes Jahrhundert einen gigantischen Personenkult inszeniert um Galileo Galilei als seinen Propheten. Als den Martyrer des freien, von keiner Inquisition mehr gehemmten wissenschaftlichen Fortschritts. Das war er wirklich. Die »Verwilderung«, die heute die ganze Menschheit tödlich bedroht, hat präzis im Jahre 1609 angefangen. Mit jener wissenschaftlich-militärischen Demonstration hoch auf dem Campanile von San Marco.

Der Archetyp des verwilderten Naturwissenschaftlers heisst Galileo Galilei.

Albert Einstein irrt auch, wenn er, um jener »Verwilderung« ein Ende zu bereiten, anstelle der geschwächten religiösen Moral eine neue moralische Besinnung der Naturwissenschaft zu fordern scheint. Dies ist die älteste Erfahrung der Heiligen Inquisition: Gegen »Verwilderung der Sitten« hilft kein moralischer Appell.

Nichts hätte es den Brandopfern in Nagasaki und Hiroshima genützt, wenn alle Nobelpreisträger der Welt sich um Albert Einstein versammelt hätten zu einem moralphilosophischen Colloquium: »Die Kernenergie und ihre Gefahren«. So wie es auch im 21. Jahrhundert nichts nützen wird, wenn ihr die Gentechniker aus Amerika, die Klonstars aus Korea allesamt einladet zu einem grossen Symposium moralischer Besinnung.

Leider ist mir im Augenblick entfallen, welcher meiner Vorgänger oder Nachfolger in der Heiligen Inquisition es war, der die vorzügliche Losung ausgegeben hat: »Vertrauen ist gut, Kontrolle ist besser.« Die schönste Moral nützt nämlich nichts, wenn keine Institution vorhanden ist, welche die Moral durchsetzt. Kontrollierend und, wenn nötig, strafend.

Moral ist gut, Inquisition ist besser.

Allerdings keine Inquisition light, wie sie der heilige Robert Bellarmin praktiziert hat. Keine Inquisition mit Gourmet-Bewirtung im Park der Villa Medici. Kein toskanisches Proforma-Gefängnis in der Villa Il Giojello. Allen künftigen Kernbrütern, Genbuben und Klonstars zum Menetekel, hätte ich, der Grossinquisitor, im Jahr 1633 Galileo Galilei – mit oder ohne Fernrohr – feierlich verbrannt.

Der Grossinquisitor tritt ab. Langangestaute Empörung macht sich Luft im Saal. Da wendet sich der Grossinquisitor überraschend noch einmal dem wütenden Publikum zu:

Was ich noch sagen wollte: Jedem von euch steht es frei, nach mir die Szene zu betreten und einen gänzlich anderen Standpunkt zu vertreten. Nur eines verlange ich von ihm, dies allerdings unbedingt: dass er sich an die alte Regel des heiligen Thomas halte und seine eigene Meinung nicht vertrete, bevor er nicht selber meine Argumente verteidigt hat. Und dies nach Möglichkeit überzeugender, als ich es heute vermochte.

Feindseliges Schweigen im Saal. Der Grossinquisitor tritt ab.

5. Rede des Grossinquisitors

Die Heilige Inquisition war heilig®.

Der Grossinquisitor tritt auf und spricht:

Auch der blühendsten Phantasie meiner schlimmsten Feinde ist eines bisher noch nicht eingefallen: dass der Grossinquisitor mit den Seinen rauschende Feste gefeiert habe. Ich kann mir das, offen gestanden, selber auch nicht im Traum vorstellen. Zu so etwas ist unsereiner einfach viel zu nüchtern.

Dennoch gibt es einen seltenen Augenblick, in dem sogar die Heilige Inquisition, sagen wir mal, ein bisschen aus sich herausgeht. Sie tut das einmal im Jahr. Seit wir uns im 20. Jahrhundert aus »Heilige Inquisition« umgetauft haben in »Heilige Glaubens-Kongregation«, sind wir schliesslich fast so etwas geworden wie ein ganz normaler moderner Betrieb. Zu einem ganz normalen modernen Betrieb gehört aber, unvermeidlich, ein Betriebsfest. Lange Jahre war das Betriebsfest der Heiligen Inquisition am 5. Mai. Das Zweite Vatikanische Konzil hat auch hier eine seiner gigantischen Reformen durchgeführt: Das Fest der Heiligen Inquisition ist jetzt nicht mehr am 5. Mai, sondern am 30. April.

Im altehrwürdigen Palast der Heiligen Inquisition, Piazza del Santo Uffizio N° 11, gleich neben dem Petersplatz, werden an diesem Tag ein paar Klapptische in eine lange Reihe gerückt. Drauf eine eindrückliche Batterie von Flaschen: hauptsächlich Martini bianco für die konservativen Inquisitoren, doch auch Prosecco für die progressiven. Dazu ein paar hübsche Schäl-

® Registered orthography of the Holy Inquisition. Offenders will be prosecuted.

chen mit Salzstängelchen und Oliven. Jedes Jahr, am späten Vormittag des 30. April, versammelt sich so die Heilige Inquisition zum festlichen Apéritif.

Wenn ich ehrlich sein soll: So etwas wie echte Stimmung ist niemals aufgekommen. Auch nicht in den 24 Jahren, in denen Joseph Ratzinger als Chef der Heiligen Glaubens-Kongregation einlud zum inquisitorischen Apéritif. Wohl gab der Bayer sich alle Mühe, sich mit dem Gläslein in der Hand zwanglos unter seine Kleininquisitoren zu mischen und leutselig mit jedem ein bisschen zu plaudern. Doch alle spürten eben dies: dass Kardinal Ratzinger sich grosse Mühe gab. Dass ihn im Grunde das gleiche Gefühl bewegte wie alle andern im Saal auch:

Warum müssen wir mit so etwas unsere Zeit verlieren?

Spürbar war denn auch jedesmal die allgemeine Erleichterung, wenn Joseph Ratzinger sein Prosecco-Gläslein ein letztes Mal hob und allen seinen Kleininquisitoren einen schönen arbeitsfreien Tag wünschte. Einen schönen Tag – wer wünscht sich das im Grunde nicht – ohne Heilige Inquisition.

Was Joseph Ratzinger wirklich am Herzen lag, hatte zu dieser Stunde längst stattgefunden: die Festmesse in der Hauskapelle des Inquisitionspalastes. Mit inniger Frömmigkeit hat er sie jedes Jahr persönlich zelebriert: »Deus, qui ad conterendos inimicos Ecclesiae tuae … Gott, Du hast, um die Feinde Deiner Kirche zu zermalmen, den heiligen Pius V. erweckt.«

Michele Ghislieri. Als Papst später Pius V. Hochoffiziell ist er der Schutzpatron der Heiligen Inquisition. Zu Recht feiert diese sich selber an seinem Festtag. Sankt Pius V. ist das Modell inquisitorischer Heiligkeit.

Mehr als das: Er ist der einzige Grossinquisitor, den die Weltkirche jemals hatte. Wohl gab es insgesamt 48 Grossinquisitoren in Spanien (die fünf »Beigeordneten Grossinquisitoren« nicht mitgerechnet). Doch sie waren alle eher Beamte des Königs als des Papstes. Ihre zweifellos fürchtenswerte Macht endete an Spaniens staatlichen Grenzen.

Nicht so die Macht von Michele Ghislieri. Am 14. September 1558 hat Papst Paul IV. ihn zum Grossinquisitor über die ganze »Römische und Universale Kirche« ernannt. Er ist der Erste und der Letzte, dem die Päpste dieses Amt verliehen haben. Fra Michele dell'Inquisizione ist nicht nur ein grosser Papst und ein noch grösserer Heiliger. Er ist der Grossinquisitor schlechthin.

Bilder von ihm gibt es genug. Dabei fällt eines auf. Neuere Altar- und Heiligenbilder verleihen seinem asketischen Gesicht das feinsinnige Lächeln italienischer Altherren-Liebenswürdigkeit. Doch je früher das Porträt, desto bedenklicher wandeln sich die Züge. Die Künstler, die ihn zu Lebzeiten porträtiert haben, auch die vatikanischen Hofmaler, haben uns Bilder übermittelt, die so gnadenlos sind wie Photographien:

Aus der Mönchskutte ragt ein hoher, kahler Eierkopf. Darunter eine zerquälte, verrunzelte Stirn. Zurückgesunken in tiefe Höhlen ein Paar misstrauische Augen. Und, oh, der bittere Mund! Darüber eine lang verbogene Nase. An einen Aasgeier erinnert sie auf manchen Bildern. Auf andern an die Schnüffelnase eines Ameisenbären. Kann ich über einen Kollegen etwas Schlimmeres sagen als dies: Der Grossinquisitor Michele Ghislieri hat genau so ausgesehen, wie ihr euch einen Grossinquisitor vorstellt.

Was immer ihr dagegen von Joseph Ratzinger haltet, eins steht fest: Benedikt XVI. ist ein alter Herr von erlesener Freundlichkeit. Wie ist es möglich, dass ein so sympathischer Papst dem hässlichsten aller seiner Vorgänger so viel Devotion entgegenbringt? Vielleicht liegt es an der staunenswerten Verwandtschaft der Lebensläufe: beide Kind armer Leute, beide Professor, beide Inquisitor, beide Papst.

Das lombardische Dorf, in dem der künftige Grossinquisitor im Winter 1504 als Bauernkind zur Welt kommt, trägt den Allerweltsnamen Bosco (»Wäldchen«). Mehr wissen wir über seine Kindheit nicht. Warum nicht?

Zu dieser Zeit kann in der Lombardei keiner etwas werden, der nicht in irgendeiner Weise verwandt ist mit einem Fürstenhaus oder mit einer Bankiersfamilie. Wenn es jemals in Italien einen Nobody gab, dann ist es dieser Bauernbub aus Bosco. Antonio wird sein Taufname. Nach Antonius von Ägypten heisst er so – nach dem Patron der Schweinehirten.

Mehr als über ihn wissen wir über sein Dorf. Als wär's ein deutsches Dorf im Dreissigjährigen Krieg, so beherrschen Hungersnot, Pest und Krieg den Alltag der Bauern in Bosco. Franzosen, Schweizer, Deutsche, alle Heere, alle Banden, die die Lombardei verwüsten, scheinen es auf Bosco abgesehen zu haben. Mit 24 wird der neugeweihte Priester Ghislieri in dieses Dorf zurückkommen, um mit seiner Familie, mit allen Bauern seine erste heilige Messe zu feiern. Er steht vor rauchenden Trümmern. Auch die Dorfkirche ist, einmal mehr, gebrandschatzt worden.

Auf dem Feld vor diesem Dorf, so will es die fromme Legende, habe der künftige Nachfolger Petri mit vierzehn seine Schafe geweidet. Ich kann mir vorstellen, dass es Schweine waren. In diesem Augenblick kamen zwei Dominikaner des Weges. Nach der alten Gewohnheit ihres Ordens zogen sie zu zweit predigend über die Dörfer. Jemand in Bosco hat sie aufmerksam gemacht auf die ungewöhnliche Intelligenz des Hütejungen. Da fragten sie ihn, ob er mitkommen wolle ins Kloster von Voghera. Auf der Stelle hat er ja gesagt. Auf der Stelle waren die Eltern einverstanden. Mit vierzehn tritt der Nobody aus Bosco ein in den Orden der unbeschränkten Möglichkeiten.

Noch sind die Dominikaner der mächtigste Orden der Kirche. Von Köln bis Salamanca beherrschen sie die Universitäten. Sie beherrschen die Heilige Inquisition. In allen bischöflichen Palästen, im Vatikan gehen sie ein und aus. Sie sind die Lieblingsprediger und die Beichtväter des gebildeten und reichen städtischen Bürgertums.

Als Fra Michele nehmen die Dominikaner den kleinen Antonio aus Bosco in den Orden auf. Zum Studium wird er nach

Bologna geschickt. Das ist etwa so, wie wenn heute ein kleiner Schweinehirt aus dem bolivianischen Altiplano zum Studium nach Cambridge geschickt würde. Nach Cambridge (Massachusetts). Mit 24 schon, zehn Jahre nach dem Weggang aus Bosco, ist der Hirtenknabe Professor der Logik, der Philosophie und der Theologie.

Unbeschränkte Möglichkeiten. Fra Michele wird es seinem Orden ein Leben lang danken mit unbeschränkter Treue. Und mit unbeschränktem Eifer für die klösterliche Reform.

»Orden« heisst »Ordnung«. In der Grossen Pest war die Ordnung in den italienischen Dominikanerklöstern vollständig zusammengebrochen. Dass die Wiederherstellung von Disziplin zehnmal mehr Zeit und Energie kostet als ihre Auflösung, ist die älteste Erfahrung des europäischen Mönchtums. Nicht einmal der heiligen Katharina von Siena war es gelungen, den Dominikanerorden ganz zurückzuführen zur ursprünglichen Ordnung und Blüte. Als Michele Ghislieri dem Orden beitrat, schien dieser dauerhaft zerfallen in einen reformfreundlichen und einen reformfeindlichen Flügel. Muss ich meinem postkonziliaren Publikum wirklich auch noch sagen, dass wir damals in der katholischen Kirche unter Reform nicht die Auflösung, sondern die Wiederherstellung der Disziplin verstanden haben?

Unter den Reformern der lombardischen Ordensprovinz wird Fra Michele der eifrigste. Von Kloster zu Kloster wird der junge Gelehrte geschickt, einmal um Theologie zu unterrichten, vor allem aber um, bei der Gelegenheit, für Ordnung zu sorgen.

Kardinal Cajetan, der grosse Humanist, Luthers Gesprächspartner im Jahr 1518 und selber Dominikaner, pflegte zu sagen: »Ein Dominikaner, der nicht jeden Tag mindestens vier Stunden studiert, lebt im Stand der Todsünde.«

Wo immer Michele Ghislieri hinkam, fand er seine Ordensbrüder im Stand der Todsünde. Unerbittlich sorgte er dafür, dass jeder, der jüngste Novize wie der älteste doctor et jubilarius, wieder vier Stunden am Tag studierte. Die Mönchszelle nicht als stille Stätte meditativer Trödelei, sondern als Werkstatt der intellektuellen Anstrengung. Das war Ghislieris erste Reform.

Genauso ernst nahm er die Finanzen. Vom ursprünglichen Ideal eines »Bettelordens« übriggeblieben war in den meisten Klöstern des Dominikanerordens nichts als ein Hang zum windigen finanziellen Gewurschtel. Zurück zum frühen Ordensideal des Bettelns wollte Fra Michele nicht, im Gegenteil. Unter Reform der Finanzen verstand er bescheidene, aber langfristig gesicherte Einkünfte. Von Ort zu Ort traf er dafür andere, oft erstaunliche Massnahmen.

Als er Papst geworden war, gründete er, um sein Grab in der Heimat zu finden, in Bosco ein Kloster. Dort sei doch kein Geld, dort seien nur elende Bauern, hielten ihm seine lombardischen Ordensbrüder entgegen. Wovon das Kloster denn leben solle?

»Dann soll es vom Käse leben«, entgegnete der Papst. Gegen alle Traditionen seines – rein städtischen – Ordens errichtete er neben dem neuen Kloster eine Käsefabrik. Die zog nicht nur die staunenden Bauern aus dem weiten Umkreis an, sondern sicherte auch tatsächlich die klösterlichen Finanzen.

Noch eine Reform, die einem einstigen Schweinehirten am Herzen liegen musste? »Die Armut«, lautet sein frühester Spruch, »liebe ich, aber den Dreck liebe ich nicht.« Er hätte auch »Scheissdreck« sagen können. So ekelhaft verschmutzt waren die Klöster seiner Zeit. Und nicht nur die Klöster.

Drei Tage war Ghislieri Papst, da machte er schon dem unerträglichen Gestank, der ihm aus den Unterkünften der Schweizergarde in die päpstliche Nase wehte, ein Ende. Nicht in der Kaserne selber, sondern unmittelbar daneben liess er für die Eidgenossen ein neues – so steht es in den Akten – »cacatorium« bauen, dessen grosszügige, ja luxuriöse Gestaltung die Römer verblüffte.

Vom Studium bis zum Cacatorium ein Mann der entschlossenen Reformen. Fast hätte ich gesagt: ein geborener Reformator. Wie wird so einer zum Inquisitor? Ganz einfach dadurch, dass er vierzig wird.

Für das Amt des lombardischen Inquisitors war dies, streng vorgeschrieben, das kanonische Alter. Vielleicht, weil der Umgang mit Ketzern besondere Reife erfordert. Vielleicht auch, weil das Amt mit hohen Ehren verbunden war und mit grosser Macht. Merkwürdig trotzdem, dass sich niemand danach drängte. Wer immer konnte, drückte sich.

Erster Inquisitor in der Lombardei war der heilige Petrus Martyr gewesen. In ganz Italien wird er noch heute unablässig angerufen. Als Patron gegen Kopfweh. Warum? In einer hohlen Gasse bei Como haben die Ketzer dem Inquisitor den Schädel gespalten.

Drei Jahrhunderte waren vergangen, doch hatte sich, wie zu erwarten, nicht viel verändert in der Lombardei. Sie blieb ein Herd mörderischer Ketzerei. Und das Amt des Inquisitors blieb ein Himmelfahrtskommando. Wer bringt wen als Nächsten um? Der Inquisitor die Ketzer oder die Ketzer den Inquisitor? Das war die klassische Frage, als Michele Ghislieri sich in das Amt drängen liess, das kein anderer in der Lombardei haben wollte.

Gab es für einen Inquisitor noch ein gefährlicheres Pflaster als die Lombardei? Ja sicher, Graubünden. Auch Graubünden gehörte zu Ghislieris Amtsbereich. Dort waren die Ketzer, von Zürich gefördert, in der Übermacht. Er möge doch, so wurde ihm aufs Dringendste geraten, ein bisschen an sein Leben denken und sich, wenn er durch Graubünden reise, unterwegs verkleiden. Am besten als namenlosen Händler.

Der Inquisitor als Hausierer? Vielleicht sogar mit einem Bauchladen voll Schnürsenkel, wie?

Michele Ghislieri war auffällig grossgewachsen. Seine Kutte, der schwarz-weisse Habit der Dominikaner, war von allen kirchlichen Uniformen die auffälligste. Meilenweit erkennbar, so zog er von Berbenn nach Chur, über alle Pässe Bündens, furchtlos durch alle Täler der Protestanten. Zu Fuss.

Als er lebendig aus Chur zurückkam, war das Erstaunen in Mailand gross. Weniger gross war die Freude. Sehr schnell hatte sich der neue Inquisitor sehr viele Feinde gemacht.

Das Wortspiel von den Dominikanern als den Domini canes, den Hunden des Herrn, bedarf in seinem Fall der Präzisierung: Mit dem Jagdeifer eines Spürhundes hat Michele Ghislieri nach Ketzern gefahndet. Überraschende nächtliche Hausdurchsuchungen galten als seine Spezialität. In jedes Ketzernest wollte er seine Nase gesteckt haben. Die eigene Nase, unbedingt.

Höchst ungewöhnlich. Italienische Inquisitoren verliessen sich sonst lieber aufs Papier. Auf die Schnüffelarbeit ihrer Sekretäre in den turmhohen Aktenbergen der Heiligen Inquisition. Michele Ghislieri wollte sich auf nichts verlassen als den eigenen Augenschein. Und auf das persönliche Verhör.

Einer, der über sein Verhör durch Ghislieri freimütig sprach, war der Franziskaner Felix Peretti, ein Prediger, dem ketzerische Worte von der Kanzel vorgeworfen wurden. Michele Ghislieri, so berichtet Peretti, habe ihm kein Leid angetan. Trotzdem habe er ihn in unaussprechliche Angst versetzt. Das lag an den asketisch ausgezehrten Zügen des Inquisitors, an dem gnadenlosen Blick, mit dem er den Angeklagten unentwegt aus tiefen Augenhöhlen musterte, und, beängstigender noch, an den harten Fragen, an der unerbittlichen Strenge beim geringsten Zögern, Abschweifen oder Ausweichen des Angeklagten.

Und dann der erstaunliche Schluss. Die Anschuldigungen gegen ihn seien offenkundig falsch, sagte ihm der Inquisitor. Dann, unter Tränen, umarmte er ihn und lud ihn, als Zeichen der Versöhnung, zum gemeinsamen Essen ein. Später hat er ihn so gefördert, dass Peretti Inquisitor von Venedig werden konnte, schliesslich sogar, unter dem Namen Sixtus V., nichts weniger als Papst.

Ähnlich das Verhör mit Sixtus von Siena. Das war ein Jude, der sich nach seiner Bekehrung, weil er perfekt Hebräisch konnte, als Bibelforscher betätigte. Jude und Bibelforscher, dies beides zusammen war ein sicheres Billet für die Heilige Inquisition.

Diesmal war Michele Ghislieri von der Schuld des Angeklagten überzeugt. Doch ebenso überzeugt war er schliesslich von der Echtheit seiner Reue. So überzeugt, dass er ihm, dem bekehrten Juden, dem geständigen Ketzer, die Aufnahme in den Dominikanerorden verschaffte.

So auch in dem – uns bereits bekannten – Fall des verhafteten Erzbischofs von Toledo, Bartolomé Carranza. Michele Ghislieri war zuerst, wie alle katholische Welt, der Überzeugung, so etwas Unfassliches könne nicht geschehen sein ohne wirklichen Grund. Doch dann, nach seiner Wahl zum Papst, liess er sich die Aktenstösse aus Spanien kommen. Als er sich durchgearbeitet hatte, erlebten seine Mitarbeiter eine Szene heftigen Zorns. Auf nichts anderes stütze sich die Anklage als auf zwei Dutzend Sätze, welche die Spanische Inquisition aus den vielen Schriften des Erzbischofs zusammengeklaubt habe. So freilich könne man jeden zum Ketzer machen. Nach dieser Methode hätte man sogar den heiligen Augustinus verbrennen können. Ketzerei sei aber etwas anderes. Michele Ghislieri wörtlich: »Ketzerei liegt im Verstand und in der Hartnäckigkeit, nicht in Worten und Buchstaben.« Urteilen dürfe man nicht auf der Grundlage solcher Silbenstecherei, sondern erst nach langem und gründlichem persönlichem Verhör.

In modernen Ohren mag das nach Milde klingen. Doch es war das Gegenteil. Je länger Ghislieri die Methode des gründlichen persönlichen Verhörs praktizierte, desto bitterer fiel sein Urteil aus. Über das menschliche Geschlecht überhaupt, doch über die Ketzer besonders. Nichts als Lug und Trug bekomme er zu hören, nichts als Feigheit und Falschheit bekomme er zu Gesicht. »Gegen diese Pest ist Strenge die einzige Arznei.« So hat er geurteilt. So auch hat er gerichtet und so hat er gestraft.

Die Steine, heisst es, hätten in der Lombardei gezittert, wenn Fra Michele dell'Inquisizione – stets zu Fuss – des Weges kam.

Und immer öfter flogen die Steine. Als er in Como nach Ketzern fahnden wollte, flog ihm schon am Stadttor ein wahrer Steinhagel entgegen. In einem Dorf bei Bergamo hätte man ihn ums Haar im Brunnen ersäuft. Aus Bergamo selber vertrieb ihn ein Volksaufstand. In vielen Gegenden konnte er sich nur noch auf Nebenstrassen bewegen. Und oft nur noch des Nachts.

Dass er ohne Ansehen von Person und Würde richtete, machte ihn nicht beliebter. Um bei der Szene in Como zu bleiben: Dort fand er tatsächlich in der Buchhandlung, was er vermutet hatte, nämlich zwölf pralle Ballen Bücher aus der Schweiz. Er beschlagnahmte sie auf der Stelle. Da rief der Buchhändler das Domkapitel zu Hilfe, das Domkapitel den Generalvikar. Der Inquisitor exkommunizierte sie allesamt: den Buchhändler, die Domherren und sogar den Generalvikar.

Aufruhr in Como. Unter Polizeischutz wurde der Inquisitor nach Mailand evakuiert. Dort bekam er es mit den Spaniern zu tun. Die wollten schon lange die unbequeme Päpstliche Inquisition aus der Lombardei vertreiben und an ihrer Stelle die staatshörige, staatserhaltende Spanische Inquisition einführen. Wenn er so weitermache, sagte ihm Ferrante Gonzaga, der spanische Gouverneur, werde er sich nicht scheuen, ihn, den Päpstlichen Inquisitor, Papst hin Papst her, in Ketten zu legen.

Könnt ihr euch vorstellen, wie es einem Inquisitor zumute ist, der, wie so manche seiner Vorgänger, nur noch des Nachts, nur noch auf Holzwegen durch die Lombardei schleichen kann? Der, statt Ketzer zu erwischen, jeden Augenblick damit rechnen muss, dass es ihn selber erwischt? Zum ersten Mal in seinem Leben hatte Michele Ghislieri die Nase ganz einfach voll. Eiskalt pfiff der Wind durch die Po-Ebene, als der Inquisitor in der Weihnachtsnacht, am 24. Dezember 1550, sein Bündelchen schnürte. Zu Fuss brach er auf. Als er in Rom ankam, war er völlig erschöpft, zerschlissen und verdreckt.

Dass Papst Paul IV. den Inquisitor für die Lombardei zur Audienz vorlassen würde, war zu erwarten. Völlig unerwartet aber war die Länge des Gesprächs. Auch Paul IV. war ein Mann des energischen Durchgreifens, auch er war einer, der sich auf nichts verliess als auf den persönlichen Eindruck. Nicht die Schilderung der lombardischen Verhältnisse fesselte den Papst, sondern der Mann, der vor ihm stand. Statt ihn mit nichtssagenden Beschwichtigungen nach Mailand zurückzuschicken, behielt er Michele Ghislieri in Rom.

Und beförderte ihn wie keinen andern: Zuerst Kommissar der Heiligen Inquisition, dann einer der fünf Kardinäle, welche die Römische Inquisition leiteten, dann, hoch über allen andern Kardinälen, Grande Inquisitore – so steil war die römische Karriere von Michele Ghislieri unter Papst Paul IV. Auch wenn der Titel »Grossinquisitor über die Römische und Universale Kirche« zu mächtig klingt. In Wirklichkeit reichte die Gewalt der Päpstlichen Inquisition nicht mehr über Italiens Grenzen hinaus. Innerhalb dieser Grenzen aber hat Michele Ghislieri alle Erwartungen des Carafa-Papstes übertroffen. Was vom italienischen Protestantismus noch übrig war, hat er, bis in die Lombardei, als Grossinquisitor ausgerottet – nach seinen eigenen Worten »nicht nur die Wurzeln, sondern die Wurzelfasern«.

Ein Wort, das der Italiener Michele Ghislieri kaum verstanden hätte, ist das deutsche Wort »der Glaube«. Es klingt unsäglich schwach. Was ihn selber leidenschaftlich bewegte, im Herzen wie im Kopf, hiess »fides«. Ähnlich stark wie dieses lateinische Wort klingt noch immer »la foi«, »la fede«, »la fe« und sogar »faith«. »Fides« heisst »Treue«.

Nach dem Urteil des Grossinquisitors waren die Ketzer »ihrem Gott untreu geworden«. Etwas Schlimmeres als Verrat, diesen Verrat an der geoffenbarten Wahrheit, kannte Ghislieri nicht. Physischen Ekel empfand er für die Ketzer, vergleichbar etwa der Abscheu, welche die Menschen des 21. Jahrhunderts für Kinderschänder hegen. Für sein religiöses Empfinden waren Ketzer in innerster Seele pervers.

Nicht gleich, aber gleichen Kalibers war das Motiv der Gegenseite. »Was nicht nach Fleisch schmeckt, ist kein Fleisch«: So hat der Zürcher Reformator Ulrich Zwingli über das Allerheiligste Altarssakrament gespottet. Hatte er antikatholische Vorurteile? Nein, es ging ihm um die Wahrheit. Um dieser Wahrheit willen hat er zwei Kriege angezettelt. Um eben dieser Wahrheit willen haben sich die Protestanten im Veltlin von Michele Ghislieri verbrennen lassen. Der dümmliche Begriff »Vorurteile« begreift das Drama einer Zeit nicht, der es um die Wahrheit ging.

Emmanuel Philibert, Herzog von Savoyen, wurde »tête de fer« genannt: »Der eiserne Schädel«. Er hatte den Mut, dem Grossinquisitor jene Frage zu stellen, die ihm wohl jeder postmoderne Katholik stellen würde: »Glauben Sie, dass es einen Menschen besser macht, wenn man ihn verbrennt?«

Die Antwort blieb Michele Ghislieri nicht schuldig: Man solle sich doch irgendein Land ansehen, in dem die Inquisition die Ketzerei nicht wie in Italien im Keim erstickt habe. Das nahe Frankreich zum Beispiel. Da tobten jetzt Bürgerkriege, die tausendmal mehr Menschen das Leben kosteten als die wenigen Scheiterhaufen der italienischen Inquisition. Allein schon um des zivilen Wohls seines Staates willen müsse jeder christliche Herrscher die Inquisition schleunigst holen, damit sie die Pest der Ketzerei in den allerersten Anfängen ausmerze. »Nichts ist grausamer als Mitleid mit den Gottlosen«, wird er später an König Karl IX. von Frankreich schreiben.

»Inquisitio« kommt von »inquirere« (»to enquire«). Das heisst »fragen«. Wage ich, den Deutschen die Frage zu stellen, die ihnen der Grossinquisitor Michele Ghislieri, zwei Generationen später, mit Sicherheit gestellt hätte: Wie hoch immer ihr das reine Wort aus Wittenberg schätzt, war es einen Bürgerkrieg wert, in dem Deutschland in Trümmer sank und ein Drittel der Deutschen ums Leben kam? Martin Luther auf dem Scheiterhaufen – ein entsetzlicher Gedanke. Doch ungleich entsetzlicher war der Dreissigjährige Krieg.

Man hat Michele Ghislieri nachgesagt, er sei stolz darauf gewesen, dass unter ihm »die Scheiterhaufen in Rom niemals erloschen«. Das ist Unsinn. Als Grossinquisitor hat Michele Ghislieri im Jahr etwa ein Dutzend Autodafés veranstaltet, feierliche Verurteilungen, die aber nur noch selten mit einer Hinrichtung endeten. Dies war ja schon das 17. Jahrhundert. Der zum Tod verurteilte Ketzer wurde erdrosselt oder enthauptet. Verbrannt wurde allerdings seine Leiche. Aber bedurfte es der Hinrichtung? Die Schande der öffentlichen Vorführung in Ketzerhemd und Ketzerhut war für einen Italiener jener Zeit unerträglich.

Vernichtet war alle Ketzerei in Italien, als Papst Paul IV. starb. Sein Nachfolger, Pius IV., war von anderem Schlag. Als erste Amtshandlung machte er das Verbot des Karnevals in Rom rückgängig. Danach liess er die Nepoten seines strengen Vorgängers hinrichten. Erwürgt wurde der eine, der andere gehenkt. Die Römer waren begeistert: Zurück zur Dolce vita der Renaissance!

Der Grossinquisitor und Dolce vita? Michele Ghislieri fiel in Ungnade. Ungnade scherte ihn nicht. Schon stand er im Begriff, sich auf einen fernen Bischofssitz in Savoyen zurückzuziehen, da raffte den lebenslustigen Papst das römische Fieber hinweg.

Selten ist ein Konklave so chaotisch verlaufen. Selbst des Nachts erfüllten Lärm und Aufregung den Vatikan. Halb angezogen rannten die Kardinäle herum, von einer Intrige zur andern. »Kurzum, es geht alles drunter und drüber«, schrieb Kardinal Gonzaga dem Herzog von Mantua, »man sieht nicht, wo aus und wo ein.«

Ein Einziger rannte nicht herum: Karl Borromäus. Der Erzbischof von Mailand stammte aus jener steinreichen Familie, der noch heute die Borromäischen Inseln gehören. Noch heute klingt kein Name so gut wie der seine. Aus reiner Inbrunst des Glaubens diente er der Kirche. Und den Armen in der Lombardei. Bei der Pflege von Pestkranken wird er sich mit 46 den Tod holen.

Erst 28 war der Erzbischof von Mailand, als das Konklave zusammentrat. Und doch war der heilige Karl Borromäus der Einzige, der das Chaos überblickte. Und der wusste, was not tat. Beide Päpste zuvor, auch sein eigener Onkel, Pius IV., hatten, wenn auch unterschiedlich, versagt. Sollte sich die katholische Kirche erheben aus so tiefer Verwahrlosung und Demütigung, so konnte das nur einer tun: ein echter Reformator. Über alle Unterschiede des Herkommens und des Charakters hinweg machte Karl Borromäus den Grossinquisitor Michele Ghislieri zum Papst.

»Es ist Fra Michele! Fra Michele dell'Inquisizione!« So verstört war die Stimmung unter den Römerinnen und Römern am 7. Januar 1566, dass sie sich dem neugewählten Papst selber auf die Seele schlug: »Ich hoffe so zu regieren«, sagte Pius V., »dass die Trauer bei meinem Tod grösser sein wird als bei meiner Erhebung.«

Dann setzte er ein unübersehbares Zeichen, dass er es ernst meinte und dass er entschlossen war, Ernst zu machen: Den Hofnarren jagte er fristlos aus dem Vatikan. Den sympathischen Dottore Buccia! Das war seine allererste Amtshandlung.

Alsdann inspizierte er höchstpersönlich seinen Amtssitz. Sogar in die Wäscheschränke der Sakristeien steckte er seine Nase. So gründlich, als wäre der ganze Vatikan ein einziges Ketzernest.

Bei der Gelegenheit fiel ihm auf, dass überall rudelweise Kinder herumrannten. Wie kommen Kinder in den Vatikan? Man nannte ihm dafür die besten Gründe. Nicht zu glauben, was erzählt wird, ist der Anfang aller inquisitorischen Weisheit. Strenge Anweisung des neuen Heiligen Vaters: Kinder raus aus dem Vatikan! Alle! Subito!

Und dann die Türen zu. Wohl hatte der Vatikan hohe Mauern. Dafür aber auch viel zu viele Türen. Pius V. liess sie alle verriegeln. Offen blieb eine einzige. Dort stellte er eine bewaffnete Wache auf. Erste Anweisung: Vor dem ersten Angelusgebet, morgens um sechs, darf keiner raus aus dem Vatikan. Zweite Anweisung: Nach dem letzten Angelusgebet, abends um sechs, darf keiner mehr rein. Dritte Anweisung: Als Ausgleich für verlorene Zeit wird die Siesta abgeschafft im Vatikan.

Abends um sechs schon zurück sein? Abends um sechs womöglich schon im Bett? Im Bett daheim? Und niemals mehr Siesta? Da erhob sich grosse Klage im Vatikan.

Dabei hatte die eigentliche Reform noch gar nicht begonnen. Noch immer nämlich liefen, fand der neue Papst, zu viele Leute herum im Vatikan. Viel zu viele. Wie viele überhaupt?

Personalzählung im sorgfältig verriegelten Vatikan: 533 Herren, 529 Diener, 358 Pferde. Zu viele Herren, zuviele Diener, viel zu viele Pferde. Inquisitorischer Reformbefehl des Heiligen Vaters:

Personal verschlanken!

Ein Sohn Torquemadas war Papst geworden. Schon als Kardinal hatte Ghislieri als Erstes sein Personal verschlankt: Statt gut 150 wie um seinen Vorgänger, waren es um ihn nur noch zwanzig. Und keine Höflinge, keine Neffen waren das. Echte Mitarbeiter. Flexibel und mobil. Kompetente Inquisitoren. Nur zwanzig. Zwanzig leisten unvergleichlich mehr als 150. Mitten im Zeitalter fürstlichen Hoflebens beginnt im Vatikan, der Zeit weit voraus, ein modernes Management. Der Grossinquisitor als Apostel und Prophet hoch- und postmoderner Personalpolitik.

Jetzt war er Papst. Von Anfang an war ihm klar, wo zuerst aufgeräumt werden musste. In der Finanzverwaltung, wo sonst. Aber war das überhaupt eine Finanzverwaltung? Ein Geschachtel verschiedenster Büros war das rund um die Kasse der Päpste, ein mafiöses Gewimmel von schrägen Figuren, über das sein Vorgänger, Pius IV., jeden Überblick verloren hatte. Mit inquisitorischem Scharfblick ermittelte Pius V. den Mann, bei dem aller Schwindel zusammenlief. Das war der Schatzmeister Minale.

Stundenlang, als wär's ein Ketzer, hat Pius V. den Schatzmeister des Vatikans verhört. Er bekam viel zu hören. Von »introitus« und »exitus«, von Einnahmen und Ausgaben. Offenkundig war da mehr exitus als introitus. Je länger, je mehr exitus und immer weniger introitus. Das liege, klagte der Schatzmeister, am drastischen Rückgang der Spenden aus Deutschland. Ghislieri hörte nicht einmal zu.

Dem Mann sah er ins Gesicht. So wie er allen seinen Ketzern ins Gesicht gesehen hatte. Mit forschenden Augen aus tiefen, dunklen Höhlen musterte der Papst den Schatzmeister des Vatikans. Und je mehr dieser unsägliche Minale von introitus und exitus schwafelte, desto mehr gingen auch Pius V. nur noch zwei Begriffe durch den Kopf:

Kopf ab oder Galeere?

Auf die Galeere mit Schatzmeister Minale! Lebenslänglich.

Milder war er zu den kleinen Finanzbeamten. Doch jeder zweite wurde entlassen. Fristlos und ohne Abfindung. »Es ist besser«, tröstete sie Pius V., »hungers zu sterben, als ewig in der Hölle zu brennen.«

Und so ein vatikanisches Officium nach dem andern. »Stündlich«, meldete die Zeitung Avviso di Roma, seien im Vatikan weitere – wörtlich – »fürchterliche Reformen« zu erwarten. So fürchterlich waren sie letzten Endes trotzdem nicht. Bilanz der Personalverschlankung: Von 533 Herren durften 319 bleiben, von 529 Dienern 282, von 358 Pferden allerdings nur 161. Der Papst selber ging ja zu Fuss. Was brauchten seine Mitarbeiter Autos?

Jeden neuen Papst mit Prachtgewändern neu auszustatten, war vatikanische Sitte. Pius V. schaffte sie ab. So wie bei ihm zu Hause, in lombardischen Bauernfamilien, der jüngere Sohn die Kleider des älteren zu Ende trug, so trug er weiter die Gewänder seines verstorbenen Vorgängers. Die Kardinäle bekamen die Anweisung, sich »entsprechend ihrer Würde anständig« zu kleiden.

Um so erstaunlicher, dass er nicht auch noch den Hofkoch zum Teufel jagte, korrekt gesagt, den vatikanischen »Küchenpräfekten«. Bartolomeo Scappi galt als der beste Koch in der ganzen Christenheit. Doch heisst es, dass Pius V. gar nicht so sehr Scappis Rezepte bewundert habe, auch nicht sein berühmtes Kochbuch, vielmehr ihn, den Koch selbst. Nichts schätzte der Bauernsohn so hoch wie berufliche Tüchtigkeit, sogar bei einem Koch.

Selber hat Pius Scappis raffinierte Dienste nie in Anspruch genommen. Fünf Tage nach seiner Wahl zum Papst meldete der Avviso di Roma: »Der Papst liest jeden Tag die Messe und nimmt dann einen Imbiss zu sich, und zwar ein Stück Brot, zwei Eier und ein halbes Glas Wein.« Um Mitternacht erst esse er ein zweites Mal, und dann »ein wenig Fleisch«.

Es wurde je länger je weniger. Gegen Ende seiner Regierungszeit blieb nur das Stück Brot mit den beiden Eiern übrig. Doch trank er jetzt zwei Glas Wein. Den Ärzten zuliebe.

In Prachtgebäuden hatte sein Vorgänger, Pius IV., das Geld der Kirche verjubelt. Pius V. liess sogar die Arbeiten am Petersdom stilllegen. Doch machte er die Arbeiter nicht brotlos. Ein paar Schritte nur von Sankt Peter legte er, unter Freudenschüssen von der Engelsburg herüber, den Grundstein zum neuen Palast der Heiligen Inquisition. Es ist der heutige Sitz der Heiligen Glaubens-Kongregation. Gewandelt hat sich mit dem Namen nur eines: Früher waren in den unteren Stockwerken die Büros, oben die Gefängniszellen. Jetzt sind auf allen Etagen nur noch Büros. Ist das besser?

Warum ein neuer, grösserer Palast für die Heilige Inquisition? So wie er als Grossinquisitor ihre Herrschaft über Italien gefestigt hatte, so wollte er jetzt als Papst ihre Herrschaft wiederherstellen in der gesamten Kirche, Spanien natürlich ausgenommen. Aus ganz Europa forderte er Rechenschaftsberichte der Inquisitoren an. Und bekam die merkwürdigsten Antworten. Etwa die, man könne nichts gegen Ketzer unternehmen, weil man gar keine Ketzer im Lande habe. Paolo Tiepolo, der venezianische Gesandte, hat leider nicht festgehalten, woher dieser an sich erfreuliche Bericht kam. Überliefert hat er dagegen die spontane Reaktion Pius V.:

»Wo keine Ketzer sind, da stimmt etwas nicht mit der Heiligen Inquisition.«

Alexander VI., der – zu Unrecht – vielgeschmähte Borgia-Papst, hatte die aus Spanien vertriebenen Juden im Kirchenstaat aufgenommen und beschützt. Das entsprach seinem grosszügigen Charakter ebenso wie seiner fürstlichen Erfahrung. Der Borgia wusste, wie nützlich die Juden der Wirtschaft des Kirchenstaates sein konnten. Nützlich vielleicht auch seinen eigenen Finanzen.

Pius V. aber war ein lombardischer Bauernsohn. Er hat die Juden gehasst. Vor Ferdinand und Isabella, den Reyes católicos, waren sie aus Spanien zum Papst geflohen. Jetzt flohen die Juden aus Rom nach Kleinasien, vor dem Papst zum Sultan.

Mönch war Pius V. gewesen. Mit jener Energie, mit der er in seinen frühen Jahren einen Konvent der lombardischen Dominikaner nach dem andern reformiert hatte, machte er sich jetzt daran, das gesamte Klosterwesen der katholischen Kirche zu reformieren.

Die Frauenklöster nahm er als Erste dran. Nach dem gleichen elementaren Prinzip wie den Vatikan: »Türen zu!« In der ganzen katholischen Kirche alle Türen aller Frauenklöster zu!

Bisher waren das die reinen Taubenschläge. Eine besonders beliebte Tradition waren zum Beispiel in Mailand die Bälle in den Frauenklöstern. Schluss damit, subito. Was heisst Schluss?

Schluss heisst: Keine mehr raus und keiner mehr rein.

Keine mehr raus? Tausend fromme Gründe wurden dem Papst genannt, warum eine Nonne, besonders wenn sie aus besseren Kreisen stammte, Ausgang brauche. Er genehmigte ausschliesslich drei. Raus darf eine Nonne bei Pest, bei Lepra und bei Feuer.

Und rein? Tausend fromme Gründe nannte man dem Papst, warum es so viele Bischöfe, Prälaten, Mönche magisch in die Frauenklöster zog. Ist nicht das persönliche seelsorgliche Gespräch etwas ganz Wichtiges? Solchen Schwindel mochte man jedem andern auf die Nase binden, nur nicht dem Grossinquisitor. Nicht einmal die Eltern einer Nonne durften hinein, nicht einmal, wenn ihre Tochter im Sterben lag.

Eine einzige Ausnahme gestattet Pius V.: Zuflucht suchen in einem Frauenkloster darf zu jeder Zeit eine Ehefrau, die von ihrem Mann bedroht wird, und zwar auch dann, wenn sie die Ehe gebrochen und ihm somit Anlass gegeben hat zu gerechtem Zorn.

Nach den Nonnen waren die Mönche dran: Türe zu! Ganz einfach Türe zu. Überall. In einem einzigen Land stiess der Grossinquisitor auf eisernen Widerstand. Unisono wehrten sich die deutschen Ordensobern. Beim besten Willen könnten sie die Frauen nicht rauswerfen aus den Männerklöstern.

Warum nicht, wollte der Papst wissen. Wohl jeder möchte das wissen.

Weil ohne das weibliche Personal der Betrieb in den Männerklöstern zusammenbräche, war die gequälte Antwort aus Deutschland. Besonders in der Küche. Selber könnten die deutschen Mönche nicht kochen, männliches Küchenpersonal aber sei, wenn überhaupt zu bekommen, viel zu teuer. Ohne weibliches Küchenpersonal bräche deshalb, durchaus wirtschaftlich zu verstehen, der männliche Klosterbetrieb zusammen.

So war das im 16. Jahrhundert. So wird es noch im 21. Jahrhundert sein. Wer heute auch nur ein bisschen die inquisitorische Nase in ein deutsches Männerkloster steckt, wird auf allerlei weibliches Personal stossen. Heute noch. Es hat der deutsche Mönch »nun mal ’nen Hang zum Küchenpersonal«. Kein Grossinquisitor hat ihm das austreiben können.

Nächste Reform: die episcopi vagantes und die abbés de cour. Rom wimmelte von Klerus, der da gar nichts zu suchen hatte. Doch wieviel süsser war das geistliche Leben in der Metropole als, na, in einem sauren Nest unten in Kalabrien oder, noch saurer, droben in Friaul.

Arsch hoch, von einem Tag auf den andern! Und marsch! Aber ganz schnell! Wer auch nur einen Augenblick mit der Heimreise zögerte, und sei er Bischof, den liess Michele Ghislieri polizeilich packen. Ab ging's in die Engelsburg. Bei Wasser und Brot durfte der vagierende Bischof das neueste päpstliche Reformdekret studieren: Unter allen Umständen hatte der katholische Hirte künftig zu bleiben, wo er hingehört: bei seiner Herde. Selbst bei Lepra, selbst bei Pest. Gerade dann war es seine Aufgabe, die Sterbenden persönlich zu pflegen, die Trauernden persönlich zu trösten. Daheim in seinem Bistum, daheim in seiner Pfarrei.

Bis dahin hatten die Römer nur staunend zugeschaut. Doch die nächste Reform traf sie selber. Ins lebendige Fleisch. Raus aus Rom mit den Huren! Binnen zwölf Tagen alle raus!

Das hatte sich Michele Ghislieri zu leicht vorgestellt. Um einen Aufruhr abzuwenden, schickte der römische Volksrat eine Abordnung von vierzig gestandenen Männern zum Papst. Kniend baten sie ihn, die Prostituierten in Rom zu belassen. Gleich danach knieten, mit der gleichen Bitte, die Gesandten von Spanien, Portugal und Florenz vor Pius V.

Unerbittlich jagte er die Dirnen Roms zum Tor hinaus. Er wusste nicht, was er da tat. Die meisten Frauen wurden gleich vor den Toren Roms von Banditen ausgeplündert. Viele fanden den Tod. Als Ghislieri das erfuhr, hatte er ein spätes Einsehen. Zusammengedrängt in einigen abgelegenen Gassen draussen an der Ripetta duldete er fortan die Prostituierten.

Aber braucht es zur Hurerei unbedingt Huren? Nur mit äusserster Mühe gelang es den Kardinälen und dem Stadtgouverneur von Rom, Pius von seiner nächsten Reform abzuhalten. Für

Ehebruch hatte er die Todesstrafe verhängen wollen. Schliesslich begnügte er sich mit exemplarischen Strafen. Dabei kannte er kein Ansehen des Standes oder der Person. So wurde einer der reichsten Männer der Stadt, der Sienese De Vecchi, wegen Ehebruchs an den Pranger gestellt und durch alle Strassen Roms gepeitscht.

Inzwischen sass die Schweizergarde auf ihrem musterhaft reformierten Cacatorium. Das heisst nicht, dass ihr Lebenswandel beim Papst Gnade fand. Eine Weile trug Pius sich mit dem Gedanken, seine Schweizer allesamt heimzuschicken. Dann befahl er ihnen, ihre italienischen Konkubinen entweder fortzujagen oder sie zu heiraten, eins von beidem tugendsam. Die Schweizer heirateten. Ohne die Folgen zu bedenken.

Die Folgen? Vergessen wir die rituelle Klage politisch correcter Historiker, Papst Pius V. habe die Homosexuellen verfolgt. Da wird etwas viel Schlimmeres übersehen: Papst Pius V. hat die normalen Männer verfolgt.

Der normale Mann ist der verheiratete Mann.

Es ging ja immer noch lustig zu in den Osterien Roms. Viel zu lustig, fand Fra Michele dell'Inquisizione. Was braucht ein Mann, wenn er ein eigenes Zuhause hat, überhaupt noch ein Wirtshaus? Für alle verheirateten Männer Roms erliess der Papst ein absolutes Wirtshausverbot. Und setzte es, unter dem Beifall der römischen Ehefrauen, ebenso absolut durch.

Die männlichste aller Belustigungen, die Stierkämpfe, verbot er kategorisch, und zwar in der ganzen katholischen Kirche, dem Protest König Philipps II. zum Trotz. In Rom konnte er sich damit durchsetzen. In Toledo leider nicht.

Mit einem Problem jedoch ist selbst dieser Papst nicht eigentlich fertiggeworden. Das unlösbare Sexualproblem des Vatikans hiess Innocenzo Del Monte.

Lustknabe Papst Julius' III. war Innocenzo gewesen. Jener Heilige Vater hatte ihm dafür den Purpur der Kardinäle verliehen. Ausserdem die Pfründen des Päpstlichen Staatssekretariats und eine jährliche Rente von 12.000 Dukaten. Der schöne neue Rentner des Vatikans war nach eigenen Angaben 17, wahrscheinlich aber erst 15.

Inzwischen aber war Innocenzo gereift. Vom Lustknaben zum Frauenschreck. Peinlichste Übergriffe, sogar Vergewaltigungen wurden ihm vorgeworfen.

Michele Ghislieri nun verlor sich, so heisst es, »in den peinlichsten Sorgen«. Was tut einer, der vor lauter Peinlichkeit zu keiner Entscheidung kommt? Papst Pius V., sonst ein Mann der schnellen und harten Entscheidungen, berief eine Kommission.

Der Bericht der Kommission Innocenzo Del Monte darf als pessimistisch bezeichnet werden. Der Kardinal sei irreformabel. Allenfalls sei es möglich, das Problem einzukapseln.

Zuerst lochte Pius V. den bisexuell verwahrlosten Kardinal in der Engelsburg ein. Von dort lagerte er ihn aus in die Benediktiner-Abtei Montecassino. Für alle Fälle gab Pius ihm noch zwei Jesuiten mit. Die sollten ihm, von morgens bis abends, Moralpredigten halten.

Hat es etwas genützt? Vielleicht doch. Jedenfalls schickte der Abt von Montecassino dem Papst beschwichtigende Berichte. Aber behalten mochte auch er Innocenzo nicht. Immer weiter wurde der unselige Kardinal nach Norden ausgelagert. Zuletzt wurde er in den Bergen hinter Bergamo versteckt.

Als Papst behielt Michele Ghislieri eine Freizeitbeschäftigung bei, mit der er schon als Kardinal die Römer verblüfft hatte. Für seine Zeit völlig ungewöhnlich: Der Grossinquisitor war ein leidenschaftlicher Wanderer.

Nach alter Sitte der Bettelmönche hatte er alle seine Dienstreisen zu Fuss gemacht: zu Fuss durch die Lombardei, zu Fuss durch Graubünden, zu Fuss durch ganz Italien. Jetzt machte Papst Pius V. Stadtwanderungen durch Rom. Etwa vier Meilen wanderte er am Tag.

Niemanden wird es wundern, dass dem inquisitorischen Wanderer unterwegs zahlreiche weitere Missstände auffielen, die unbedingt einer Reform bedurften. Zum Beispiel die Sauordnung in vielen römischen Kirchen. Nicht nur verdreckt waren sie im Kircheninnern, sondern vollgestopft mit privaten Möbeln, Buden, Werkstätten gar von Bestattungsunternehmern. »Alles raus!«, lautete der Befehl des neuen Papstes. Binnen vierzehn Tagen war alles raus.

Bei seinen Wanderungen auf der via sacra, vom Capitol zum Colosseum, versank Pius fast im Dreck. Logische Konsequenz: eine radikale Reform der römischen Stadtreinigung. Die Stadt der Päpste, vielverspottet als cloaca maxima, wurde sauberer als Genf.

Es gibt Leute, denen ein anständiger Mensch um Mitternacht auf keinem Wanderweg begegnen möchte. In Roms Strassen liefen sie am hellen Tag herum. Was das für ein Gesindel sei, erkundigte sich der Papst nach einer seiner Wanderungen. Er erfuhr, dass die vielen Diebe und Räuber, unter denen vor allem unschuldige Pilger zu leiden hatten, gar keine Römer seien. Das fremde Gesindel hause, unbehelligt, draussen in den kleinen Wäldern um Rom.

»Bosco« heisst so ein Wäldchen. Petrarca hat den Charme der italienischen Boschi unsterblich besungen. Michele Ghislieri, wir erinnern uns, kam selber aus Bosco. Aber ein Romantiker wie Petrarca war er nicht. »Abholzen!«, lautete der päpstliche Befehl. »Alle Boschi rings um Rom abholzen!« Tatsächlich ging danach die Kriminalität drastisch zurück.

Noch habe ich die Mutter aller Reformen nicht erwähnt. In der katholischen Kirche ist das die Liturgiereform. So hatte auch das Konzil von Trient die Päpste »ad divinum cultum restaurandum« aufgerufen, zur Reform der heiligen Messe und des Breviers, des Gebetbuchs der Priester. Arbeit für Generationen, davon waren die Konzilsväter überzeugt. Pius V. hat das Jahrhundertwerk in vier Jahren durchgezogen.

Seine Absicht war es, den lateinischen Kult in seiner antiken Schönheit und Ursprünglichkeit wiederherzustellen. Doch so sehr er die Tradition liebte, so wenig verstand er von Geschichte. So ging denn bei seiner Reform auch vieles daneben. Allerdings lange nicht so viel wie bei der vielgepriesenen Liturgiereform des 2. Vatikanischen Konzils.

Unverwechselbar spricht sein persönlicher Geist aus dem vielen Kleingedruckten, das er als Erster dem eigentlichen Messbuch voranstellte. Nichts, auch nicht das abenteuerlichste Detail, das da nicht mit päpstlicher Autorität klar geregelt wäre. Kleingedruckte Musterfrage: Was soll ein Priester tun, wenn sich während der heiligen Messe eine Spinne aus der Kuppel seiner Kirche löst und herunterfällt, fatalerweise genau in den Messkelch auf dem Altar?

Es kommt darauf an, wann die Spinne in den Kelch gefallen ist. Wenn dies vor der Wandlung geschah, soll der Priester den Messwein samt Spinne wegschütten, den Kelch neu füllen und die Messe trotzdem ebenda fortsetzen, wo sie bereits angelangt war. Möglichst so, als wäre nichts geschehen – »propter scandalum populi«, damit das Volk sich nicht aufregt. Wie aber, wenn die Spinne nach der Wandlung in den Messkelch fällt?

Das Blut Jesu Christi samt Spinne wegschütten? Undenkbar. In diesem Fall hat der Priester die Spinne vorsichtig aus dem Kelch zu fischen, in die Sakristei zu tragen und sie dort lebendig oder tot – Inquisition oblige – zu verbrennen.

1570, vier Jahre nach seiner Papstwahl, erliess Pius die Bulle zum Erscheinen des neuen Missale. Unvorstellbar, was er in diesen vier Jahren geleistet hatte. Nicht nur die Liturgiereform, sondern Dutzende von Reformen, die seit Jahrhunderten keiner anzupacken gewagt hatte. In vier Jahren hatte er sie, eine nach der andern, nicht nur verkündet, sondern auch verwirklicht. Beseitigt waren die Skandale um die finanzielle Misswirtschaft und die sexuelle Verwahrlosung des Klerus. Der Kult war in Ordnung gebracht. Die Priesterausbildung ebenso wie die Glaubensunterweisung für das Volk, der Katechismus, erneuert. Der Papst, der Grossinquisitor, der Reformator durfte Bilanz ziehen.

Dafür war es hohe Zeit. Im Konklave hatten viele Kardinäle bis zuletzt gezögert, dem Drängen von Karl Borromäus nachzugeben und dem Grossinquisitor ihre Stimme zu geben. Dass sie es schliesslich taten, lag an jener feigen Spekulation, der die meisten Päpste der Neuzeit ihre Wahl verdanken: »Na denn, es wird ja doch nur ein Übergangspapst.«

In der Tat war der Grossinquisitor bei seiner Wahl zum Papst schon 62, für jene Zeit ein hohes Alter. In den Strassen Roms staunte das Volk über sein abgezehrtes Gesicht und über seinen schneeweissen Bart. Jetzt, mit 66, war er auf den Tod krank. Der Papst könne das Wasser nicht halten, heisst es das eine Mal, dann wieder, er könne es nicht lassen. Von einem »Steinleiden« redeten alle. Die Schmerzen waren unerträglich.

Wahrscheinlich hat Michele Ghislieri schon früh an Prostatitis gelitten und, als Folge davon, an chronischer Blasenentzündung. Zum Schluss war es wohl Prostatakrebs. Dass man das nicht sicher weiss, liegt nicht nur an dem sehr beschränkten ärztlichen Wissen jener Zeit über die klassische Männerkrankheit, sondern auch an seiner eigenen Scham. Als Kardinal, sagte er, habe er einmal von einem Arzt die »secretae corporis partes« untersuchen lassen, als Papst könne er das nicht mehr zulassen. Ohnehin hielt er von Ärzten nichts. Lieber dokterte er an sich selber herum, so wie man eben in lombardischen Bauerndörfern an Dergleichen herumdokterte. Mit Beifuss, Salbei und Malve. Eselsmilch glaubte er, könne Wunder wirken. Dann wieder versuchte er, möglichst gar nichts mehr zu trinken. Die Schmerzen wurden höllisch. Schon einmal hatten ihn die Ärzte aufgegeben. Jetzt, im Juli 1570, ging es ihm wieder etwas besser.

Da kam die Hiobsbotschaft aus Zypern.

Mit 360 Galeeren waren die Türken auf Zypern gelandet. Schnell waren sie ins Innere der Insel vorgedrungen. Mit 50.000 Mann lagen sie vor der Hauptstadt Nikosia.

Vom militärischen Handwerk verstand Pius V. nichts, weil er, Mönch bis in die Knochen, im Grunde nichts davon verstehen wollte. Als ihm, sofort nach seiner Wahl zum Papst, die Kardinäle Farnese und Vitelli dringend ans Herz legten, die Festungen des Kirchenstaates zu erneuern, hatte er sie abgewiesen mit den Worten: »Kanonen und Soldaten braucht die Kirche nicht. Meine Waffen sind Gebet, Fasten, Tränen und die Heilige Schrift.« Vor lauter Gottvertrauen trug er sich eine Weile mit dem Gedanken, nicht nur die Schweizergarde aufzulösen, sondern die gesamte Armee des Kirchenstaates.

Jetzt aber verstand Pius V. Die Türken auf Zypern, das hiess: die Türken vor Rom.

Chios, Rhodos, Andros, Naxos, Keos: Eine griechische Insel nach der andern war gefallen. Maltas Festungen lagen in Trümmern. Kreta stand in Flammen. Tunis stand vor dem Fall. Vor Djerba lag die päpstliche Flotte auf dem Meeresgrund. Ungestraft kreuzten türkische Galeeren vor beiden Küsten des Kirchenstaates. Sie bedrohten Ragusa, das heutige Dubrovnik. In Venedig fanden manche es lustig, sich Gutenacht zu wünschen mit den Worten: »Morgen früh kräht der Hahn auf Türkisch!«

Schon war die nördliche Hälfte Europas der Kirche verlorengegangen. Als Nächstes jetzt die Türken in Rom? Die katholische Kirche eine mediterrane Regionalkirche unter muslimischer Vormundschaft? Der Papst selber ein Gefangener der Türken, so hilflos wie der Patriarch in Konstantinopel? Eine grössere Herausforderung an Papst Pius V., an den Grossinquisitor Michele Ghislieri war nicht denkbar. Der Todkranke nahm sie an.

Zypern gehörte den Venezianern. Das Zeughaus in Venedig war abgebrannt. Spaniens militärische Macht war durch den Aufstand in Kastilien und Aragon gebunden. So wenig wie der Kirchenstaat war irgendein anderer christlicher Staat allein dem Sultan noch gewachsen. Der türkischen Gefahr Herr werden konnte nur eine Liga aller christlichen Staaten.

Feierlich wandte sich der Papst an den deutschen Kaiser. Hatte er ihn nicht bei den Kämpfen gegen die Türken in Ungarn tatkräftig unterstützt? Jetzt brauchte er selber die Hilfe der Deutschen gegen die Türken.

Dem zu Hilfe kommen? Diesem Papst? Kaiser Maximilian II verlor keinen Gedanken daran. Hat er sich selber als Katholik gefühlt oder als Protestant? Das hat noch niemand herausgefunden. Wahrscheinlich, weil er es selber nicht wusste. Mal bekannte er sich zum Glauben Roms, mal förderte er in Österreich die Calvinisten. Im Grunde bewegte Maximilian nur eines: die urdeutsche Phobie gegen den Zölibat.

Wäre nur der Zölibat abgeschafft, mutmasste der Kaiser, so würde der konfessionelle Hader unter den Deutschen, der das Reich so schwächte, von selber erlöschen. Schon im Konklave hatte er die Wahl Ghislieris zu verhindern gesucht und Kardinal Morone unterstützt, weil er sich von Morone genau diese Konzession erhoffte. Ein ums andere Mal hatte er dann Pius V. gebeten, wenigstens in Deutschland, nur in Deutschland, den Priestern die Heirat zu gestatten.

Und jetzt diese spannende Perspektive: die Türken in Rom, der Papst entmachtet. Wäre das eigentlich, fragte sich Maximilian, ein Schaden für das Reich?

Durften die Deutschen überhaupt dem Papst zu Hilfe kommen? Schliesslich zahlten sie den Türken ein jährliches »Ehrengeschenk« von 30.000 Dukaten. Mit diesem ehrlosen Ehrengeschenk war das deutsche Reich abgesunken zum Tribut-Staat der Ottomanen. Immerhin hatte sich Maximilian damit so etwas wie Frieden an der ungarischen Grenze erkauft. Dies jetzt wieder aufs Spiel setzen? Für den Papst? Für diesen Papst?

Auf Deutschland, wie immer, kein Verlass. Doch da war Frankreich, »la fille aînée de l'Eglise – die älteste Tochter der Kirche«. Das Land der Kreuzritter. Frankreich würde helfen in der Not.

Hartnäckig hält sich die Legende, Pius V. sei der heimliche Drahtzieher jener katholischen Verschwörung gewesen, die zur

Niedermetzelung der Pariser Protestanten in der Bartholomäusnacht führte. Das ist Verleumdung. Der Grossinquisitor war ein Mann der erbitterten, gnadenlosen, auch der blutigen Auseinandersetzung. Hinterlist jedoch, Heimtücke und Meuchelmord blieben seinem Charakter lebenslang fremd. Nebenbei gesagt war er auch schon tot zum Zeitpunkt des Massakers in Paris.

In den offenen Schlachten gegen die Hugenotten aber hatte er den König von Frankreich unterstützt. Mit Söldnern und mit Geld. Seiner Hilfe verdankte Karl IX die entscheidenden Siege bei Jarnac und Moncontour. Jetzt brauchte der Papst seinerseits die Hilfe des französischen Königs. In einem leidenschaftlichen Brief schilderte der Papst dem jungen König in Paris die Leiden der Christen unter den Muslimen und forderte ihn auf, einer Liga gegen den Sultan beizutreten.

So ergreifend wie das Schreiben des Papstes, so kühl war die Antwort aus Paris. Frankreich stehe im Bunde mit der Hohen Pforte. Es könne dieses alte und bewährte Bündnis nicht brechen, um jenem beizutreten.

Nutzte nicht die türkische Flotte, seit langem schon, den französischen Marinehafen Toulon? Waren die Vorteile nicht gross, die das Bündnis mit den Türken Frankreich gebracht hatte, gegen die Deutschen und gegen die Spanier? Statt dem Papst auch nur mit Worten zu Hilfe zu kommen, wies Karl IX seinen Gesandten in Venedig an, alles zu tun, um eine christliche Allianz gegen die Türken zu verhindern.

Da wandte sich der Papst an König Sebastian von Portugal. Ob er nicht wenigstens zehn Galeeren beisteuern könne zu einer christlichen Flottenallianz gegen die Ottomanen? Sofort kam die Antwort aus Lissabon, sofortige Hilfe sei unmöglich. Vielleicht aber könne man die Türken im nächsten Jahr angreifen. Vielleicht von Osten. Von Goa aus vielleicht.

Da schickte der Papst Vincenzo de Portico, den Nuntius in Polen, als Sondergesandten nach Moskau. Zu Iwan dem Schrecklichen.

Die Russen kannten die Türken. Sie wussten, welche Gefahr den Christen drohte. Trotzdem fand Iwan IV, dass Verhandeln im Augenblick besser sei als Kriegführen. Auch gab er dem Nuntius zu verstehen, dass er vordringlich daran interessiert sei, vom Papst gesalbt zu werden. Zum König aller Russen.

Iwan den Schrecklichen salben? Lieber noch wandte sich Pius V. an den Negus nach Abessinien. Dringend bat er ihn, mit einem Heer afrikanischer Christen den bedrängten Christen Europas zu Hilfe zu eilen. Eilige Hilfe aus Abessinien? Aus Abessinien nicht einmal eine Antwort.

Von Diplomatie hat Pius V. im Grunde so wenig verstanden wie vom Krieg. Doch so viel war ihm klargeworden: Sollte die christliche Liga gegen die Türken zustande kommen, so musste sie sich auf drei Staaten beschränken. Auf den Kirchenstaat, Venedig und Spanien. Auf Spanien kam alles an. Dringend bat Pius V. Spanien um Hilfe.

In einem Nebenraum des Lateran-Palastes wird, zur Stunde noch, ein vergessener Stuhl aufbewahrt. Ein lederner Stuhl mit nichts als ein paar roten Zotteln. So einfach ist dieser verschlissene alte Stuhl, dass ihn kein deutscher Antiquar gratis nehmen würde. Doch der Zettel, der an diesen Stuhl geheftet ist, besagt viel: »Stuhl Papst Pius V.«

Auf diesem Stuhl sitzend hat Pius V. seine Boten unablässig an alle katholischen Höfe geschickt. Auf diesem Stuhl hat er gesessen und gewartet auf eine Antwort aus Madrid. Wenn die Qualen in seinem Unterleib unerträglich wurden, hat er gebetet: »Herr, mehre meine Schmerzen, und mehre meine Geduld!« Bis die Antwort aus Madrid kam.

Mañana! Der spanische Staatsrat hatte das Thema gar nicht beraten, sondern auf seine nächste Sitzung verschoben.

Und dann eine erste Beratung im spanischen Staatsrat. Und dann eine zweite Sitzung. Und dann die dritte Sitzung. Und dann die vierte Sitzung. Und dann die fünfte Sitzung. Und dann die sechste Sitzung. Und dann die siebte Sitzung. Und dann die achte Sitzung. Und dann die neunte Sitzung. Und dann die zehnte Sitzung. Und dann die elfte Sitzung. Und dann die zwölfte Sitzung. Und dann eine Botschaft an den Papst.

Als sie ihm überbracht wurde, stand Pius V. auf von seinem Stuhl. Tränen der Freude rannen über sein abgezehrtes Gesicht. Aus Spanien ein unzweideutiges, klares Ja zur Heiligen Liga gegen die Türken.

Philipp II!

Ein Herrscher war das wie Maximilian II, wie Karl IX. Zuerst hatte er an seinen Staat gedacht. Dabei schien ihm, es gehe jetzt zuallererst um Zypern. Die Insel gehörte Venedig. Venedig aber war Spaniens hartnäckiger Gegenspieler in Italien. Dass die Türken Venedig demütigten, lag im spanischen Interesse. Venedig zu Hilfe kommen? Vielleicht später. Aber jetzt schon?

So dachte Philipp zuerst. Doch letzten Endes bewegte ihn anderes. Gott war ihm wichtiger als sein Staat, und heilig war ihm die Kirche. Drum hatte er im Konklave die Wahl Pius' V. unterstützt: gegen Spaniens italienische Interessen einen starken Papst. Drum kam er ihm jetzt zu Hilfe. Über alle politischen Widersprüche und biographischen Unterschiede hinweg waren sich Philipp II und Pius V. in tiefster Seele verwandt. Verwandt im Glauben.

So begannen im Vatikan, vom Papst moderiert, die Verhandlungen für ein Dreierbündnis zwischen dem Kirchenstaat, Venedig und Spanien. Ein Franzose hat die Verhandlungen beobachtet: Händler, schrieb Kardinal Rambouillet, feilschten nicht schlimmer um Waren als Spanier und Venezianer um die Bedingungen für ihr Bündnis.

Voll Hintergedanken waren, wie immer, die Venezianer. Warum nicht vielleicht doch dem Sultan Zypern lassen? Vielleicht würde ihn das grosszügig stimmen. Vielleicht wäre er, durch Frankreichs Vermittlung, im Gegenzug bereit, den Venezianern neue Vergünstigungen zu gewähren. Für ihren blühenden Handel in der Levante.

Eben dies fürchteten die Spanier: dass die Venezianer im letzten Augenblick ausscheren und die spanische Flotte im Kampf gegen die überlegene Flotte der Türken allein liessen. Sie wollten Garantien von Venedig.

Rücksprache in Venedig, Rücksprache in Spanien. Drei Wochen dauerte die Reise von Rom nach Spanien, drei Wochen hin, drei Wochen zurück. Drei Wochen bei günstigem Wind.

Gegen wen sollte die Heilige Liga überhaupt sein? Nur gegen die Türken, sagten die Venezianer, und dachten: wenn überhaupt. Auch gegen die Araber und gegen die Ketzer, sagten die Spanier. Und gegen England, dachten sie.

Rücksprache in Spanien, Rücksprache in Venedig.

Für wie lange sollte das Bündnis abgeschlossen werden? Wer stellt wie viele Schiffe? Wer wie viele Soldaten? Wer wie viele Pferde? Vor allem: Wer darf seine Fahne wie hoch hängen? Und wer segelt wem um wie viel voran?

Rücksprache in Spanien, Rücksprache in Venedig.

Und immer frecher kreuzten die türkischen Kriegsschiffe vor Ancona und vor Ostia, vor beiden Küsten des Kirchenstaates. Wann würden sie landen? In der Not liess der Papst das Borgo befestigen, die unmittelbare Umgebung des Vatikans.

In einem waren Spanien und Venedig sich einig: Sie wollten von der Kirche Geld. Viel Geld. Eine Serie von aussergewöhnlichen und ungewöhnlichen Steuern auf das Vermögen und das Einkommen des Klerus sollte die Heilige Liga finanzieren. Auf seinem Stuhl sass Pius V. und betete:

»Herr, mehre meine Schmerzen, und mehre meine Geduld!«

Dann, unerwartet, ein geistliches Problem: Wer durfte den Kreuzzug begleiten? Wer durfte den Kreuzzug predigen auf den Galeeren, wer, besonders wichtig, den christlichen Mannschaften die Letzte Ölung erteilen? Jesuiten oder Kapuziner? Rasch traf Papst Pius V. die Entscheidung: »Jesuiten *und* Kapuziner!«

Eins war dem Papst selber im Traum nicht eingefallen: wie wichtig den Spaniern für den Krieg gegen die Türken der Export ihres Getreides in den Kirchenstaat war. Dreimal so viel wie bisher wollten die Spanier ab sofort dafür kassieren. Um besser aufrüsten zu können gegen die Türken.

Ebenso unerwartet das Problem Ragusa. Die Adria-Republik (heute Dubrovnik) wollte mitmachen, hatte aber Angst, nach dem Sieg über den Sultan selber Beute der Venezianer zu werden. Ragusa brauchte Garantien. Garantien vom Papst, Garantien von Spanien.

Rücksprache in Spanien.

Als Pius glaubte, er habe nun wirklich alle Probleme gelöst, die venezianischen, die spanischen und die von Ragusa dazu, kam das grösste Problem erst auf den Tisch: der Oberbefehl über die Heilige Liga. Wem die Glorie? Wem die Ehre? Wem der Ruhm? Wer würde eingehen dürfen in die christliche Geschichte als Sieger in der – doch gewiss siegreichen – Jahrhundertschlacht gegen die Muslime?

Überraschend schnell schien diese Frage gelöst: Don Juan d'Austria. Erst 24 Jahre alt war der Halbbruder Philipps II. Und ein unehelicher Nachkomme Karls V. Doch die Venezianer waren einverstanden. Der Papst erst recht.

Ein unehelicher Kaisersohn als Kriegsherr – war das nicht etwas Ähnliches wie ein Papst aus Bosco? Auch Juan d'Austria war einer, der seinen Rang unter Beweis stellen musste. Tüchtig musste der Uneheliche sein, tüchtig wie ein lombardischer Bauernsohn. Ihn mochte Michele Ghislieri. Auf ihn setzte er seine Hoffnung in der kommenden Schlacht.

Neuer Einwand aus Venedig. Don Juan als Oberkommandierender ja. Aber wer würde Stellvertretender Oberkommandierender? Und durfte der Oberkommandierende überhaupt Entscheidungen treffen ohne die Zustimmung des Stellvertretenden Oberkommandierenden?

»Herr, mehre meine Schmerzen, und mehre meine Geduld!«

Da kam die Horrorbotschaft aus Zypern.

Nach Nikosia war auch Famagusta gefallen. Als die Lage dieser Stadt aussichtslos geworden war, hatten die Türken den christlichen Verteidigern für die Übergabe die ehrenhaftesten Bedingungen gewährt. Dann massakrierten sie alle, 20.000 insgesamt. Dem heldenhaften christlichen Kommandanten, Marcantonio Bragadin, schnitten sie Nase und Ohren ab. Bei lebendigem Leib zogen sie ihm die Haut ab. Dann vierteilten sie ihn, stopften seine Haut zur Strohpuppe aus und führten sie mit Gejohle auf dem Rücken einer Kuh durch die Strassen Famagustas. Damit aller christlichen Welt klar würde, was dem blüht, der es wagt, sich zu wehren gegen die Übermacht der Muslime.

Da war die Geduld Papst Pius' V. zu Ende.

In der Kirche Santa Chiara in Neapel überreichte Kardinal Granvella Don Juan d'Austria hochfeierlich den Feldherrnstab. Noch schien es eine Ewigkeit zu dauern, bis sich die drei Flotten in Messina vereinigten. Dort wurde noch einmal drei Wochen lang beraten, wie genau man segeln wolle. Dabei war's gar nicht weit, nur über die Adria. Im Golf von Patras, im türkisch besetzten Westen Griechenlands, nahe der alten Festung Lepanto, wartete der Feind.

Die Sonne geht jeden Morgen gleich auf, über Gute und Böse gleich. So steht es im Evangelium nach Matthäus, so ist es gewesen seit Anbeginn der Menschheit. Doch als sie am 7. Oktober 1571 aufging über Lepanto, kann nicht einmal die Sonne gleichgültig geblieben sein. Das Spektakel war überwältigend.

In der Formation eines gewaltigen Halbmondes, von der Küste Albaniens bis zur Küste des Peloponnes, hatte sich die türkische Flotte aufgestellt zur Schlacht. Die grösste Galeerenflotte der Geschichte. 270 schwerbewaffnete Galeeren, umschwärmt von einer Unzahl kleinerer Kriegsschiffe. In der Mitte Ali Pascha auf seinem Admiralsschiff, der »Sultana«. Günstiges Vorzeichen: Der Ostwind blähte die türkischen Segel. Und herrlich wehte über der »Sultana« das grüne Banner des Propheten. Aus

Mekka selber kam die Standarte. Mit goldenen Fäden gewoben trug sie 28.900-mal die Inschrift: »Allah ist gross!«

»Mucho ha aventurado Don Juan«, wird Philipp II sagen, »ein abenteuerliches Wagnis ist Don Juan eingegangen.« Nicht nur war die Flotte der Heiligen Liga an Schiffen deutlich kleiner, ihr blies auch der Wind so ungüstig entgegen, dass sie die Segel einziehen musste. Nur mit der Kraft der Ruder fuhr sie von Westen kommend auf den Feind zu. In der Formation eines Kreuzes.

An der Spitze die Real, das spanische Flaggschiff mit Don Juan d'Austria. Als er im ersten Morgenlicht die ottomanische Flotte in der Ferne erspähte, hatte Don Juan selber die Standarte der Heiligen Liga gehisst. Sie zeigte das Bild des Gekreuzigten, darunter das Wappen Papst Pius' V., flankiert von den Farben Spaniens und Venedigs. Geradewegs fuhren die beiden Admiralsschiffe aufeinander zu.

Wie sie verlief, die Seeschlacht bei Lepanto, und wie sie ausgegangen ist? Das brauche ich nicht zu erzählen. Das ist heute ein billiges Computerspiel. Eure Kinder können euch die Seeschlacht von Lepanto vorspielen auf dem Bildschirm. Sekundenschnell.

Anders im Herbst 1571. Zwei Wochen hat es gedauert, bis ein venezianischer Bote die Nachricht nach Rom brachte, Wochen danach erst traf der Bote Don Juans in Spanien ein. Die Ungewissheit war unerträglich.

Am Abend, als der Bote aus Griechenland den spanischen Hof erreichte, kniete Philipp II, nach seiner Gewohnheit, in der Kirche zum feierlichen Gesang der Vesper. Man reichte ihm einen Zettel mit der Nachricht. Der König las ihn aufmerksam. Stumm reichte er den Zettel zurück. Er betete weiter. Ohne irgendein Zeichen irgendeiner Erregung.

Anders Papst Pius V. In seinen letzten Lebensjahren hatte Michele Ghislieri oft wie versteinert gewirkt. Erstarrt in der Hartnäckigkeit des Willens und in massloser Geduld. Dennoch war er stets ein Mensch starker Gefühle gewesen. Heftig, manchmal fast kindlich anmutend, waren seine Ausbrüche von Zorn. Leidenschaftlich war seine Frömmigkeit, tief und innig, durch alle Lebensalter, sein Gebet. In Niederlagen, in der Traurigkeit war ihm das donum lacrimarum geschenkt, die göttliche Gnade der Tränen.

Jetzt, als ihm ein Bote der Venezianer die Nachricht vom Ausgang der Schlacht überbrachte, überwältigten den Todkranken die Gefühle. Er stand vom Bett auf und trat zum Fenster. Im Triumph hob Michele Ghislieri die Arme. Dann stimmte er den Lobgesang des greisen Simeon an: »Jetzt entlässt du, Herr, deinen Knecht in Frieden.«

»Nunc dimittis, Domine, servum tuum in pace.«

Mucho ha aventurado Pio V. Und gross war sein Sieg. Selbst Leopold von Ranke wird Lepanto feiern als den »glücklichsten Schlachttag, den die Christenheit je gehalten«. 50 türkische Galeeren waren versenkt, 117 erbeutet, 12.000 christliche Galeerensklaven befreit. Ali Pascha, der Grossadmiral der Türken, war gefallen, über der »Sultana« wehte die Kreuzesfahne. Zu Ende der Albtraum türkischer Übermacht. Zu Ende der Mythos muslimischer Unbesiegbarkeit. Rom und Venedig waren gerettet. Gerettet die katholische Kirche.

Der Rest war das masslose Leiden eines Krebskranken ohne moderne Schmerzlinderung. Nacheinander versagten alle Organe des Unterleibs. Ein paar Monate nach dem Sieg bei Lepanto war Papst Pius V., der Grossinquisitor Michele Ghislieri, tot.

Ein einziger seiner Vorgänger war ähnlich streng wie er mit den Römern umgegangen: Paul IV., eben jener Carafa-Papst, der Michele Ghislieri zum Grossinquisitor ernannt hatte.

Als Carafa starb, brach in Rom ein Volksaufstand aus. Der einen Büste des verhassten Papstes wurde der gelbe Judenhut aufgesetzt, der andern der Kopf abgeschlagen und dann, unter allgemeinem Jubel, in den Tiber gerollt. Das Gefängnis der Inquisition wurde gestürmt, die Gefangenen befreit. Der Inquisitionspalast selber ging auf in Flammen. Ganz Rom schien zu tanzen in einem einzigen Freudenfest.

Mehr als Paul IV. hatte Pius V. getan, um sich in der Ewigen Stadt verhasst zu machen. Die Wirtshäuser hatte er den Römern verboten, die Huren hatte er ihnen weggejagt, die Stierkämpfe hatte er ihnen genommen. Grund genug für einen Volksaufstand wie beim Tod Pauls IV.

Nichts dergleichen. Tiefe Ruhe lag über der Stadt, als Pius V. starb. Und tiefempfunden war die Trauer der Unzähligen, die zu seinem Sarg im Petersdom pilgerten. Mit dem Rosenkranz wollten sie alle, um Gnaden zu empfangen, die Bahre Pius' V. berühren. Mochte der strengste aller Päpste auf dieser Bahre ruhen, es war doch nicht die Bahre eines Tyrannen. Dies war die Bahre eines Heiligen.

»Ich hoffe so zu regieren«, hatte er selber gesagt, »dass die Trauer bei meinem Tod grösser sein wird als bei meiner Erhebung.« Woher die Trauer, woher die Ergriffenheit, weit über Rom hinaus, in der ganzen katholischen Kirche, als dieser strengste aller Nachfolger Petri starb?

Dass ein Papst nicht korrupt sei, nicht falsch, nicht feige und nicht verlogen, das, sagen manche, sei für die Zeitgenossen ein umwerfendes Erlebnis gewesen. Michele Ghislieri mochte streng sein, grausam sogar, doch er war echt und ehrlich. Aufrecht war der Grossinquisitor wie ein Reformator. Allein schon von seiner ganzen körperlichen Erscheinung her würde Michele Ghislieri fabelhaft passen auf das Reformationsdenkmal in Genf.

Es war die Leistung, sagen andere, die herkulische Leistung. In sechs Jahren hat dieser Papst mehr geleistet als andere im Dutzend und in Jahrhunderten zuvor: Ausgemistet der Augias-Stall klerikaler Korruption, Bischöfe und Priester wieder bei ihrer seelsorglichen Aufgabe, der heilige Ritus wiederhergestellt, die Seminare reformiert und mit Nachwuchs voll, der Vatikan selber, eben noch ein feudaler Hof, vollständig erneuert und verwandelt in eine moderne Verwaltung. In sechs Jahren. Unbegreiflich war die Leistung dieses Papstes. Doch es gibt etwas Grösseres als Leistung. Alle die übermenschlichen Leistungen des Grossinquisitors Michele Ghislieri, das haben Unzählige an seiner Bahre gespürt, waren nichts als tätiger Ausdruck seiner persönlichen Nähe zu Gott.

Persönliche Nähe zu Gott ist Heiligkeit.

Oft wird der bittere Streit, den Pius V. gegen die Protestanten geführt hat, verstanden als ein Kampf zwischen Individualität und Institution. Bei den Protestanten die erwachende moderne Individualität, bei den Katholiken die Bewahrung der alten Institution.

Nichts, das falscher wäre. Zu keiner Zeit hat es in der katholischen Kirche so viel religiöse Individualität gegeben, so viele starke und in ihrer Stärke grundverschiedene Heilige wie unter diesem strengsten aller Päpste. Theresia von Avila, Johannes vom Kreuz und Filippo Neri, um nur diese drei zu nennen, sind in der Heiligkeit Zeitgenossen des heiligen Pius V.

In seiner Zeitgenossin Theresia von Avila hat die Kirche recht eigentlich die weibliche Frechheit heiliggesprochen. Noch eigenwilliger war sein Zeitgenosse, der Mystiker Johannes vom Kreuz; nicht grundlos hatte er mit der Heiligen Inquisition zu tun. Und erst sein Zeitgenosse Filippo Neri, der »Narr Gottes«, der Stadtpatron von Rom! So viele Witze hat er über den Klerus gerissen, dass einer nach dem andern zum Grossinquisitor gelaufen kam mit der dringenden Bitte, er möge Filippo verbrennen. »Filippo Neri? Ich könnte leichter den Papst verbrennen«, gab Michele Ghislieri zur Antwort. Masslos beliebt war Filippo Neri im römischen Volk. Schon zu Lebzeiten – zur Zeit Michele Ghislieris – war er der Stadtpatron von Rom.

Alle sind sie uns noch heute sympathisch. Sympathisch sind uns Theresia von Avila, Johannes vom Kreuz und, allen voran,

Filippo Neri. Sympathischer als Ghislieris heilige Zeitgenossen sind eigentlich nur noch wir selbst.

Eine einzige Spielwiese der Sympathie ist unsere Kirche heute. Eine Spielwiese sanfter Selbstverwirklichung und noch sanfterer Nächstenliebe. Voll ökumenischer Liebe sind wir zu den Protestanten. Voll der einfühlsamen Bereitschaft zum Interfaith-Dialog mit Juden und Muslimen, den Dalai Lama nicht zu vergessen. Sympathischer als wir kann man gar nicht sein. Auf unserer katholischen Spielwiese lächeln wir nach hinten, vorne, links und rechts. Und keiner von uns denkt daran, dass wir auf dieser schönsten aller Spielwiesen nur deshalb so sanft lächeln dürfen, weil einer war, der höchst unsanft dafür gesorgt hat, dass es diese Spielwiese noch gibt.

So ist das nämlich mit Spielwiesen: Sie brauchen eine Grenze. Einen Zaun brauchen sie und einen, der dafür sorgt, dass niemand einbricht durch diesen Zaun. Sonst ist es mit der Spielwiese aus.

Wie sympathisch ist uns doch Hans Küng, wenn er vor der Uno in New York vom »Weltethos der Religionen« predigt. Und keiner denkt daran, wie Hans Küng in New York herumlaufen würde, hätte Pius V. nicht in Lepanto gesiegt. Vermutlich würde Küng, als wär's eine dänische Karikatur, im Turban herumlaufen, in den Turban eingewickelt eine tickende Bombe.

Noch sympathischer als Hans Küng ist unsere ökumenische Lieblingsbischöfin Margot Käßmann. Mit ihren vier Töchtern Sarah, Hanna, Lea und Esther. Doch würden diese sympathischen Töchter wohl alle vier verschleiert herumlaufen, ihre noch sympathischere Mutter gar unter der Burka verhüllt.

»Gott ist die Liebe«, verkündet, in seiner ersten Enzyklika, Benedikt XVI., unser Lieber Vater in Rom. Doch warum darf er das so liebevoll verkünden? Weil ein ganz anders gearteter Papst mit letzter Kraft dafür gesorgt hat, dass in Rom der Stuhl Petri noch steht. In Lepanto hat Sankt Pius V. dafür gesorgt. Mit militärischer Gewalt.

Wir alle sind sympathischer als der Grossinquisitor Michele Ghislieri. Unser Gott ist ja die Liebe. Das ist Gott wirklich. Doch ist er das nicht allein. Gott ist noch manches andere. Er kann ganz unsympathisch sein.

Gott »übt Gewalt« (Lukas 1,51). Er »wirft ins Feuer« (Johannes 15,6). Und er »kommt mit Kraft« (Markus 9,1).

In der langen Geschichte der Heiligen Inquisition ist ein Moment der Theophanie: Erscheinung Gottes. Im heiligen Grossinquisitor Michele Ghislieri ist uns der Gott der Schlachten erschienen. Ein ganz unsympathischer Gott ist das, der »Herr der Heere«. Und doch ist er dreimal heilig:

»Sanctus, Sanctus, Sanctus Dominus, Deus Sabaoth!«

Der Grossinquisitor zieht sich schweigend zurück.